パンでわかる包括的性教育

入学前までにやっておきたい!
将来のための30のこと

浅井春夫・監修
ニシワキタダシ・絵
礒みゆき・文

発売 小学館　発行 小学館クリエイティブ

「性教育」って、
どんなイメージが
ありますか?

いま世界で学ばれている
「包括的性教育」は、
じつはこんなに内容が
幅広いのです！

からだ

多様性

健康

安全

同意

家族

役割

プライバシー

意思決定

価値観

友情

情報

セクシュアリティ

虐待

ジェンダー

暴力

愛情

援助

恋愛

文化

誕生

ルーツ

こんなにあると、
なにから始めたらいいか
わからないですよね。
まずはじめは…

人権

死

多様な人たちが
生きているこの世界で、
「自分を大切にする力」を
身につけることからなんです。

それは、
「自分以外の人を大切にする力」
でもあります。
そう、性教育は、子どもが
「どんな力を身につけるか」が
ポイントなのです。

そのカギとなるのは、
子どものいちばん近くにいる
ママとパパ、保護者だと思います。
私たちおとなが、性教育を
どのような視点でみているか、
どのように伝えていくかが
重要なのです。

難しく感じてしまう性教育を、
多様性を感じるパンに置き換えることで、
意外と人間の世界とパンの世界は近いかも？
と、少しでも性教育を
身近に感じながら、
本当に大切で必要な教育と
わかってもらえたらうれしいです。

持続可能な30の目標

世界のスタンダードとして認められている、ユネスコ編『国際セクシュアリティ教育ガイダンス』に基づいて、まず最初におさえておきたい「包括的性教育」30項目を、30種類のパンで紹介します。

1

それぞれの
からだは
それぞれ特別

2
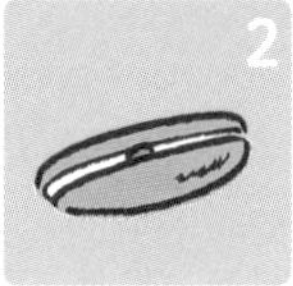
からだに
疑問をもって
OK

3
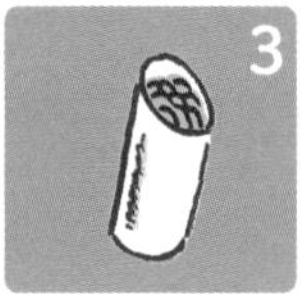
からだ全部が
プライベート
パーツ

4

ハテナゾーン
（ハテナタッチ）は
NGサイン

5
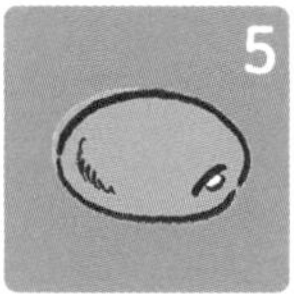
する・
しないは
自分が決める

6
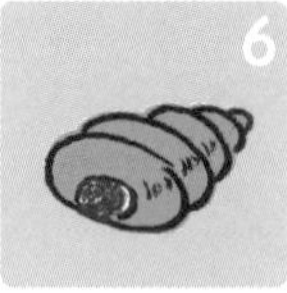
免疫は
からだを守る

7

誰でも
見えない
不調がある

8

家族の形は
いろいろ

9

役割は
それぞれにある

10

成長に合わせて
プライバシーが
必要

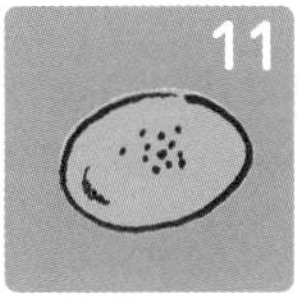
11

失敗する
権利がある

12

過干渉は
意思決定に
影響

13

それぞれに
価値観がある

14

友情の形は
いろいろ

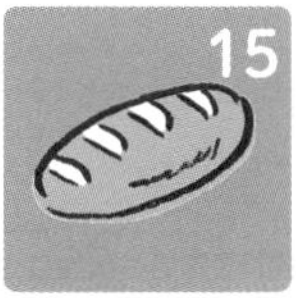
15

友情に
必要なものを
知る

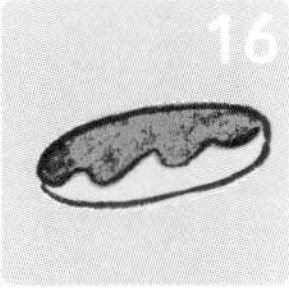
16

ネガティブな
影響を防ぐ

17

いじめや
暴力は
いけない

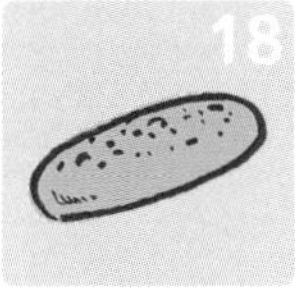
18

親しくても
暴力は
いけない

19

お互いに
助け合うことが
できる

20

愛情の形は
いろいろ

21

性のあり方は
いろいろ

22

性別に
かかわらず
みんな平等

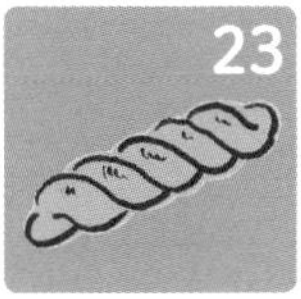
23

ジェンダーに
基づく暴力は
つくられる

24

自分の
始まりを
知る

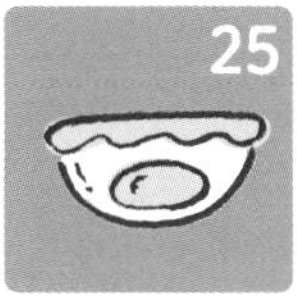
25

自分の誕生と
成長を知る

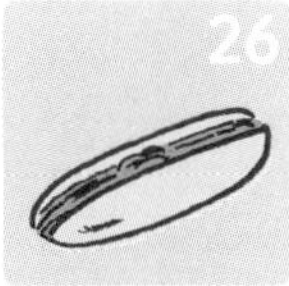
26

人はいつか
死を迎える

27

ネットは
便利と危険が
となり合わせ

28

情報を正しく
受け取る

29

すべての人に
人権がある

30

人生を
選択するために
知る権利がある

CONTENTS　目次

STEP2 関係の多様性

CONTENTS　目次

色も形も大きさも感じ方も
一人ひとり違う「からだ」。
自分のからだも、自分以外のからだも、
大切にしていくために知っておきたい。

STEP1

からだの権利

個性を認め合う食パン

その焼き色似合ってる！
ぶあっつい耳ステキだね〜

親が子どもの個性を受け止め、
認めることで、子どもはありの
ままの自分を好きになっていく。

1 それぞれのからだはそれぞれ特別

そもそも、からだをつくる遺伝子や細胞は、誰ひとり同じではありません。だから肌の色や容姿など、見えるところ(外見的)も見えないところ(内面的)も、すべてが違って当然。「個性」は全員がもともともっているスペシャルな自分らしさです。まずは親が、子どもの個性を認めることが大事です。

　また、子どもは時間とともに成長していきます。からだは大きくなっていき、いろいろなことができるようになります。でも、成長のペースも人それぞれです。同じ花でも、春に咲く花もあれば、秋に咲く花もあります。ほかの子と比べず、わが子が成長する姿を見守りましょう。

　たとえば、「ボールを投げられるようになった」「お手伝いをしてくれるようになった」「ボタンがとめられるようになった」など、小さな変化を一緒に喜び、「できたね」「すごいね」などと、子どもに伝えてあげましょう。

　子どもは自分が大切にされ、認められているという経験を積み、自分を好きだと感じる「自己肯定感」と、好きな自分を客観的に見る「自己肯定観」が高まるのです。

　子どもだけではありません。親だって、子育てをしながら日々成長しているのです。昨日の自分より、ちょっと学んで、ちょっと頑張った、今日の自分を褒めてあげましょう。

焼き立てコラム

それぞれが特別なカレーパン

同じカレーパンでも、形や味や具材などによってさまざまで、全く同じカレーパンはありません。それぞれの違いが魅力的で特別ということを、親が尊重していくことで、子どもたちは「自分が大好き」「ありのままの自分でOK」という、生きるうえで欠かせない最強の自己肯定感・観を身につけていきます。

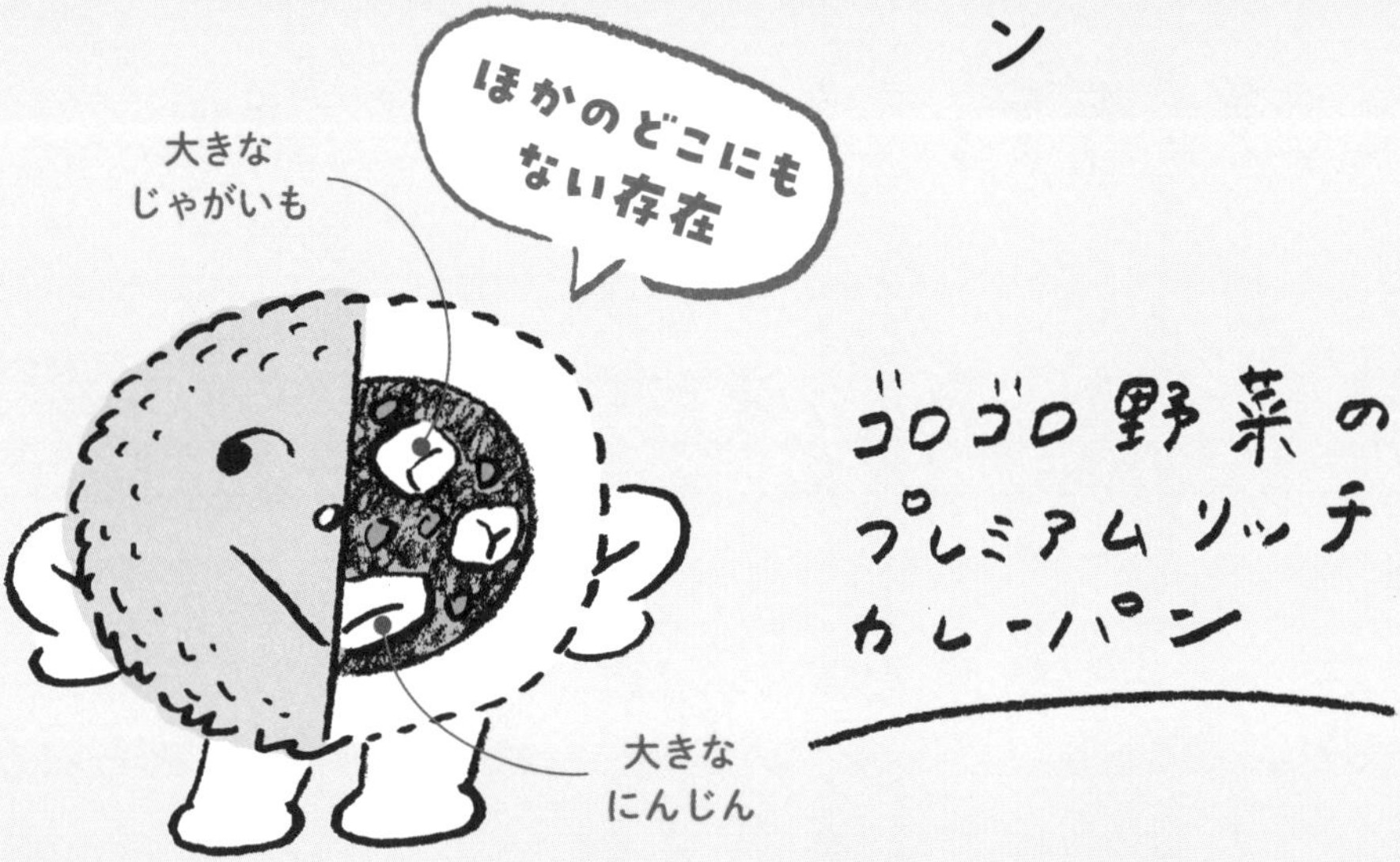
ほかのどこにもない存在
大きなじゃがいも
大きなにんじん
ゴロゴロ野菜のプレミアムリッチカレーパン

揚げないからヘルシー
とろ〜り半熟
丸ごとたまごの焼きカレーパン

一人ひとりが
違った存在で主人公。
そんな多様な人たちで
世界は回っています。

違いは強み
秘伝の
ハバネロソース
カリッカリの
表面

激辛キーマの
ビーフ
カレーパン

クリーミーな
カマンベールチーズ
コクのある
黒カレー

シェフのおすすめ
チーズ入り
黒カレーパン

コッペパンの姿勢

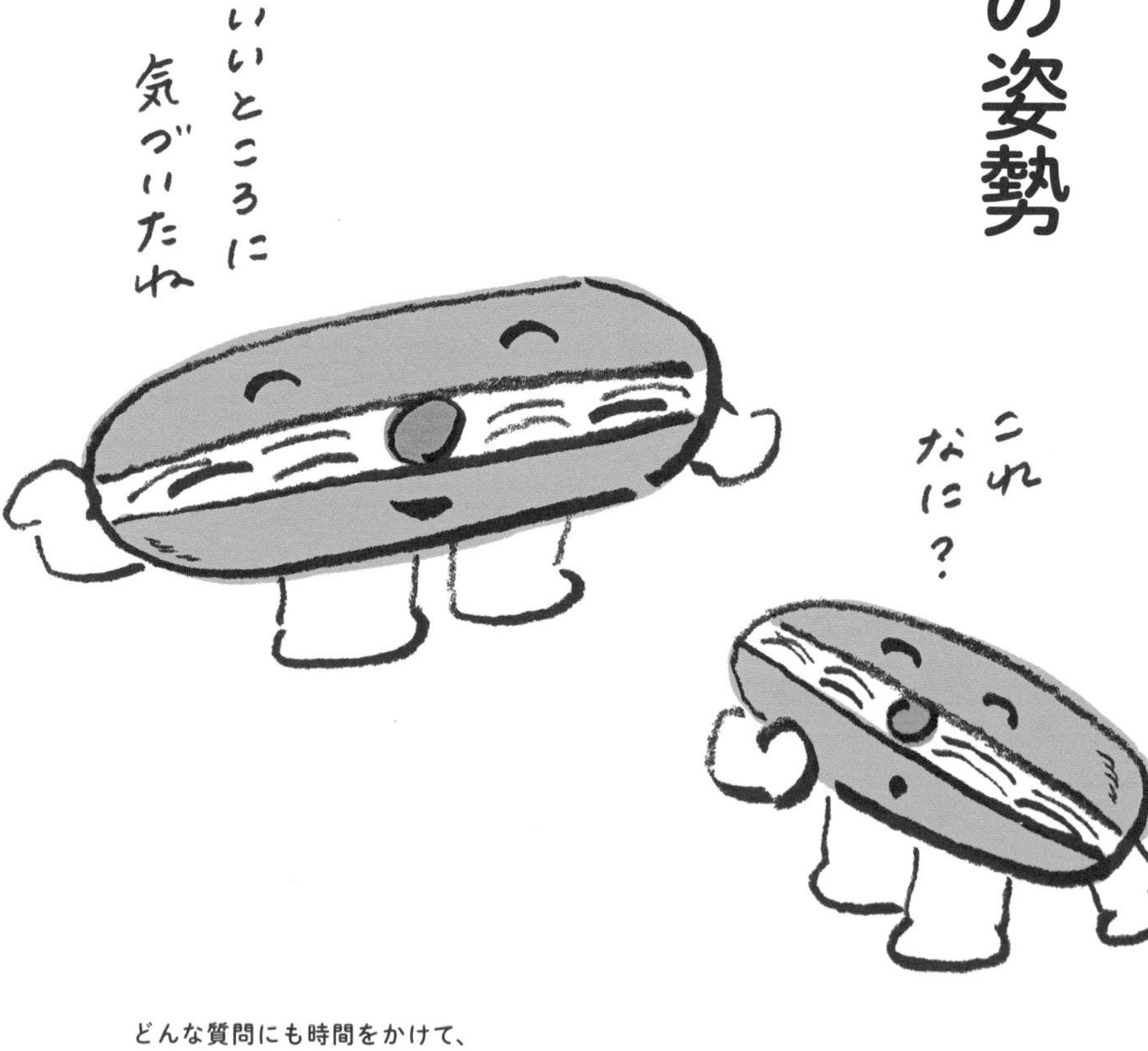

いいところに
気づいたね
これ
なに？

どんな質問にも時間をかけて、
誠実に向き合う親の姿勢が、将
来の親子の信頼関係につながる。

2 からだに疑問をもってOK

「どうしてぼくにはおちんちんがあるのに、ママにはないの？」

子どもからそんなからだの疑問が出てきたらチャンス！　素直でまっさらで、好奇心が旺盛な幼児期が、性教育にはもってこいです。

「いいところに気づいたね！」って伝えてあげましょう。「うちの子、成長しているなぁ」って喜びましょう。だって、自分のからだと相手のからだの違いを発見したのです。

ここで親がドギマギしてしまうと、からだの話は、なんだか人に言えないような恥ずかしくて悪いことだと思ってしまいます。子どもは親が思う以上に、親の言動には敏感なのです。

「どうして、そう思ったの？」「じゃあ、一緒に調べてみようか」と、会話はおおらかに、子どもの話にはじっくり耳を傾けましょう。ここでは、一緒に考えていこうという姿勢が大切なのです。正確に、なぜおちんちんがあるかないかを答えるというよりも、「ちゃんと聞いてくれている」「認めてくれている」と感じることで、子どもは安心感をもちます。

こうした親の姿勢は、からだの話に限らず、将来なんでもオープンに話し合える信頼関係につながっていくでしょう。また、子どもと一緒にからだについて調べたり、考えたりすることで、親も新たな発見や再確認ができるかもしれません。

焼き立て
コラム

へ〜！がたくさん自分のからだ

ふだんから親子の間で「からだの話」ができていると、万が一、子どもが自分のからだのどこかに違和感や不安があったとき、親に伝えやすくなります。自分のからだのパーツの名前や、それぞれの機能や役割を、幼いころから親子の会話を通して知ることは、とても意味があるのです。

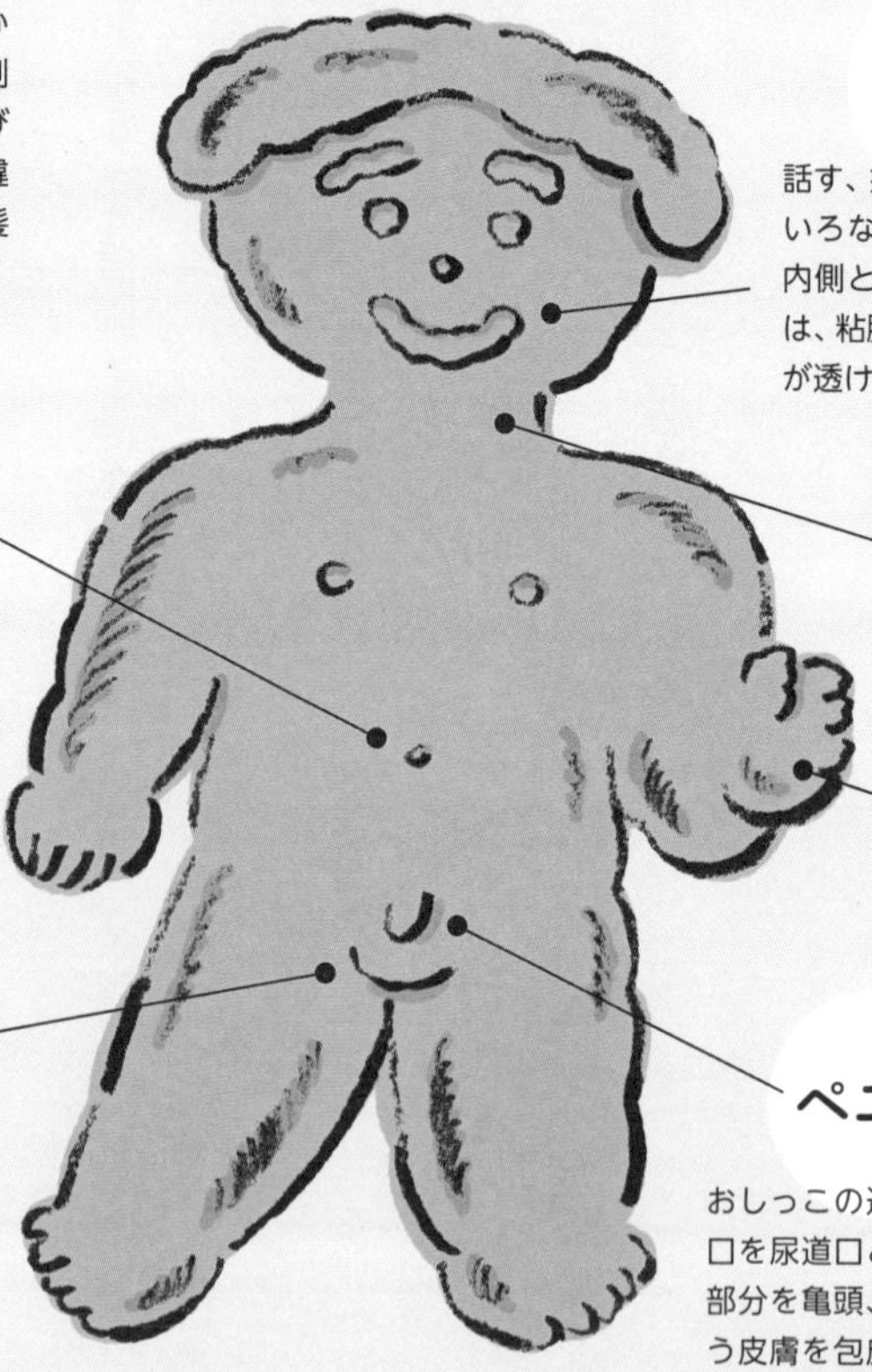

髪の毛

頭を、けがや暑さ・寒さから守る帽子のような役割がある。髪色や髪質、伸びるペースは人それぞれ違い、年をとるにつれて髪質や色も変わっていく。

口

話す、笑う、食べる、いろいろな機能がある。口の内側とくちびるが赤いのは、粘膜が薄く、赤い血液が透けて見えているから。

おへそ

母体にいたときに、母体から酸素や栄養をもらっていた管（へその緒）が取れた跡。おへそは、犬やキリンにもあり、卵から生まれる動物にはない。

首

手

陰のう

赤ちゃんのもととなる精子がつくられる睾丸を包むふくろ。睾丸が陰のうに包まれ、からだの内部ではなく外側についているのは、体温より２度ほど低いほうが精子がつくられやすいため。

ペニス

おしっこの通り道で、出口を尿道口という。先端部分を亀頭、ペニスを覆う皮膚を包皮とよび、大きさや色や形はみんな違う。ペニスの細胞（海綿体）は、スポンジのように密集している。

からだのパーツは、それぞれの役割がネットワークのようにつながっていて、どれも欠かせません。全部が大切と伝えましょう。

女の子

うしろ

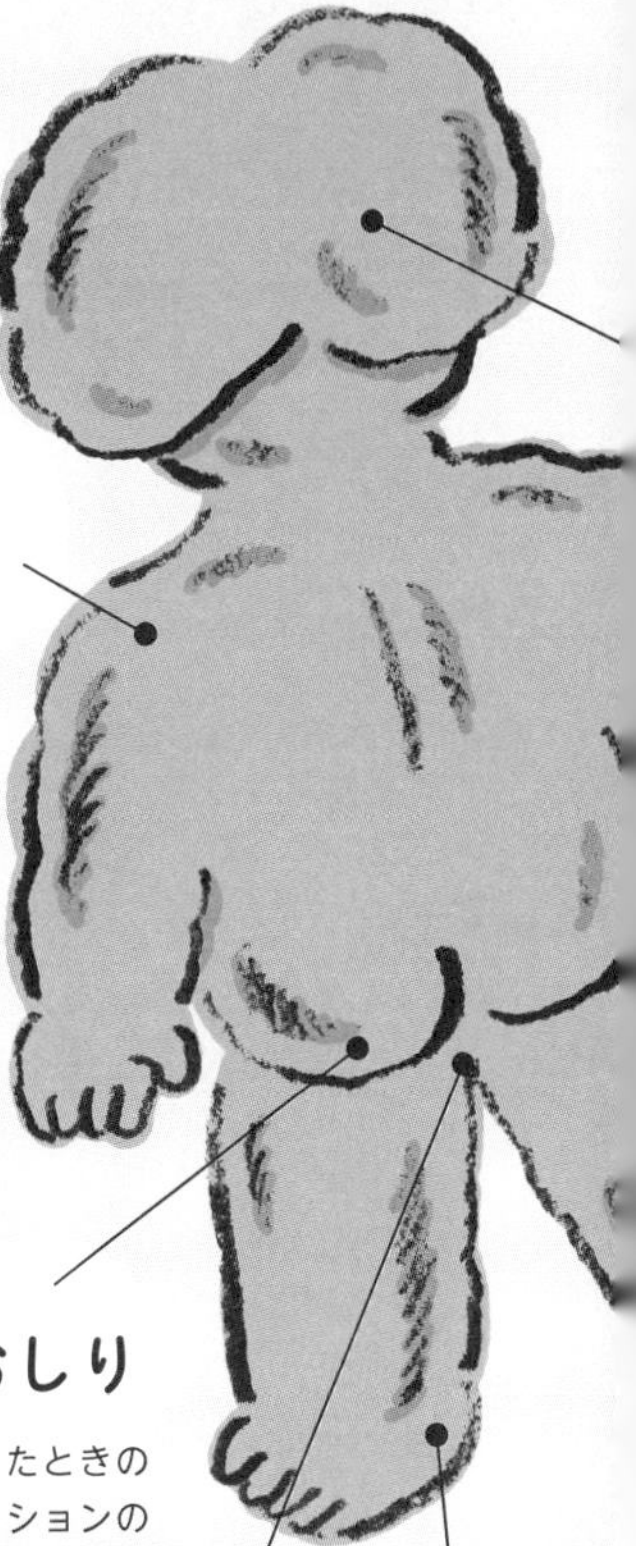

乳首

色や大きさは人それぞれ違い、また、左右でも違う。

目

足

バルバ

両足のつけ根にあるやわらかい皮膚。おしっこが出る尿道口と、赤ちゃんが生まれる膣口（ワギナの入り口）がある。膣口の奥は、赤ちゃんが育つ子宮につながっている。

太もも

からだのなかで最大の筋肉があり、ひざを伸ばしたりジャンプなどの動作で使う。

肩

おしり

座ったときのクッションの役割をもつ。

かかと

肛門

食べ物が消化してできるうんちの出口。同じく肛門から出るおならは、食事のときに口から入った空気や、食べ物が体内で消化したときにできたガス。肛門はうんちとおならをちゃんとわかって、分けて出すことができる。

自分で巻くラップサンド

たとえわが子のからだでも、親が尊重して接することが、子どもがからだを大切に思ういちばんの近道。

3 からだ全部がプライベートパーツ

最近よく耳にする「プライベートパーツ」ってなにか知っていますか？自分以外の人が勝手に見たり、さわったりしてはいけない自分だけの大切な場所で、おもに口、胸、性器、肛門があげられています。でも、子どもへの性犯罪は、いきなりこれらを狙ってくるとは限りません。

最初は声をかけるだけ。徐々に手をさわったり、ひざに座らせたり、少しずつ接触をしてきます。だからぜひ、子どもたちには、からだ全部がプライベートパーツと知らせてほしいのです。

たとえば、言葉だけではなく、自分のからだは自分で洗うということから始めてみてはどうでしょう。自分で洗うことで、からだは自分だけがさわることができる大切なところなんだ！という「からだの自己感覚」が身につきます。もちろんひとりで洗えるようになるまでには、子どもたち一人ひとりのペースがあります。子どものからだにふれるときは、「背中は洗ってあげるね」「髪をお湯で流すよ」などと、声をかけて手伝ってあげましょう。

また、お風呂だけでなく、「さあ、汚れた靴下をぬごうか」「きれいなパンツに取り替えようか」など、着替えやトイレトレーニングのときなども、声をかけてからだにふれることを心がけましょう。「あなたのからだは、あなただけの大切なからだ」ということを、子どもにとっていちばん近しい親が尊重することで、しっかりと伝えることができるでしょう。

焼き立てコラム

こうやって伝えよう外性器の洗い方

なんでも自分でやってみたい！という意欲が出てくる3歳ころから、自分でからだを洗うことを勧めましょう。その子のペースで、からだ全体が洗えるようになるために、まずは腕だけ、次は足もチャレンジしてみるなど、少しずつ範囲を広げていくことがポイントです。

女の子

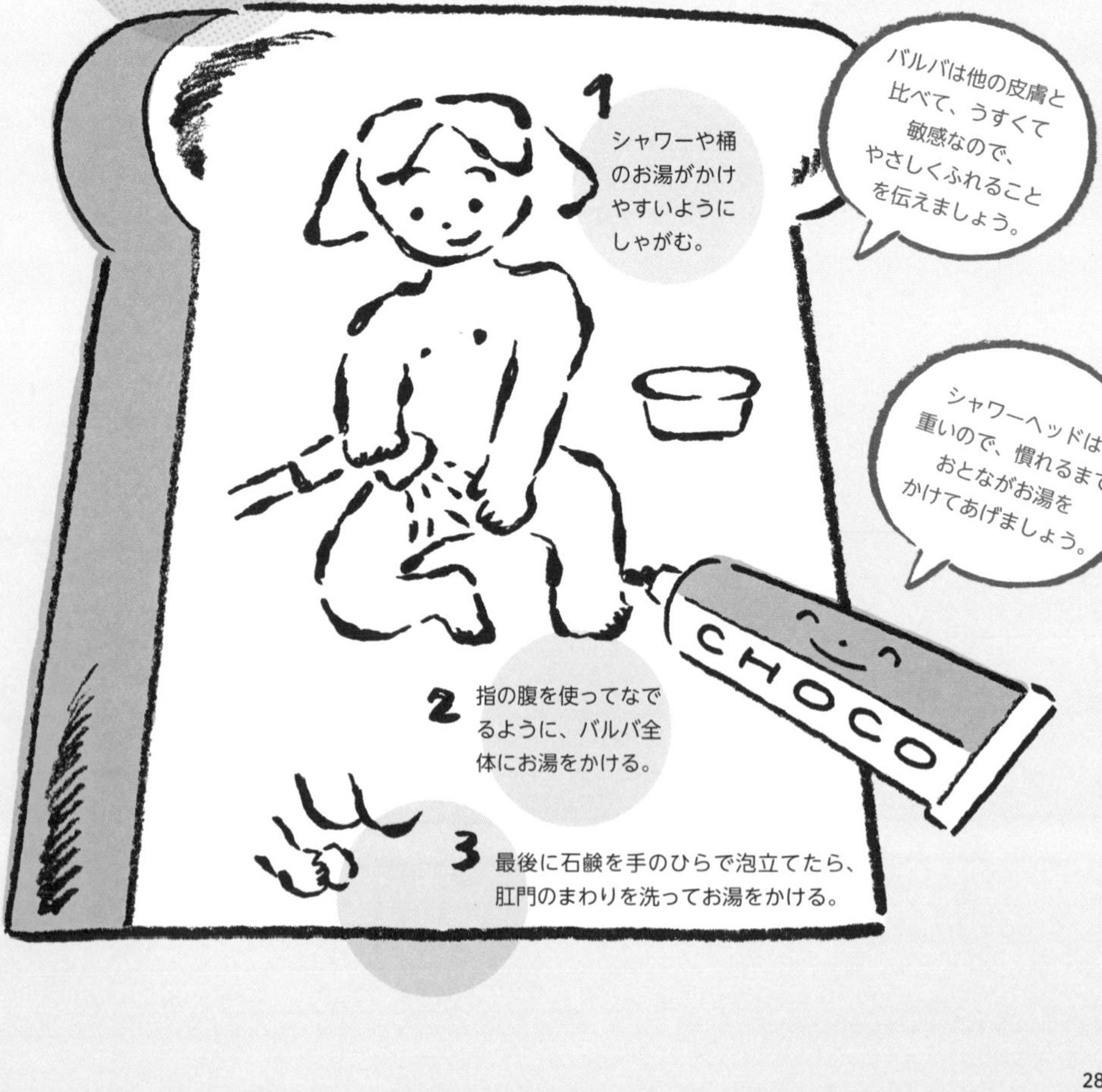
バルバは他の皮膚と比べて、うすくて敏感なので、やさしくふれることを伝えましょう。
シャワーヘッドは重いので、慣れるまでおとながお湯をかけてあげましょう。
CHOCO

1 シャワーや桶のお湯がかけやすいようにしゃがむ。

2 指の腹を使ってなでるように、バルバ全体にお湯をかける。

3 最後に石鹸を手のひらで泡立てたら、肛門のまわりを洗ってお湯をかける。

ペニスは他の皮膚と比べて、
うすくて敏感なので、やさしく
ふれることを伝えましょう。

男の子

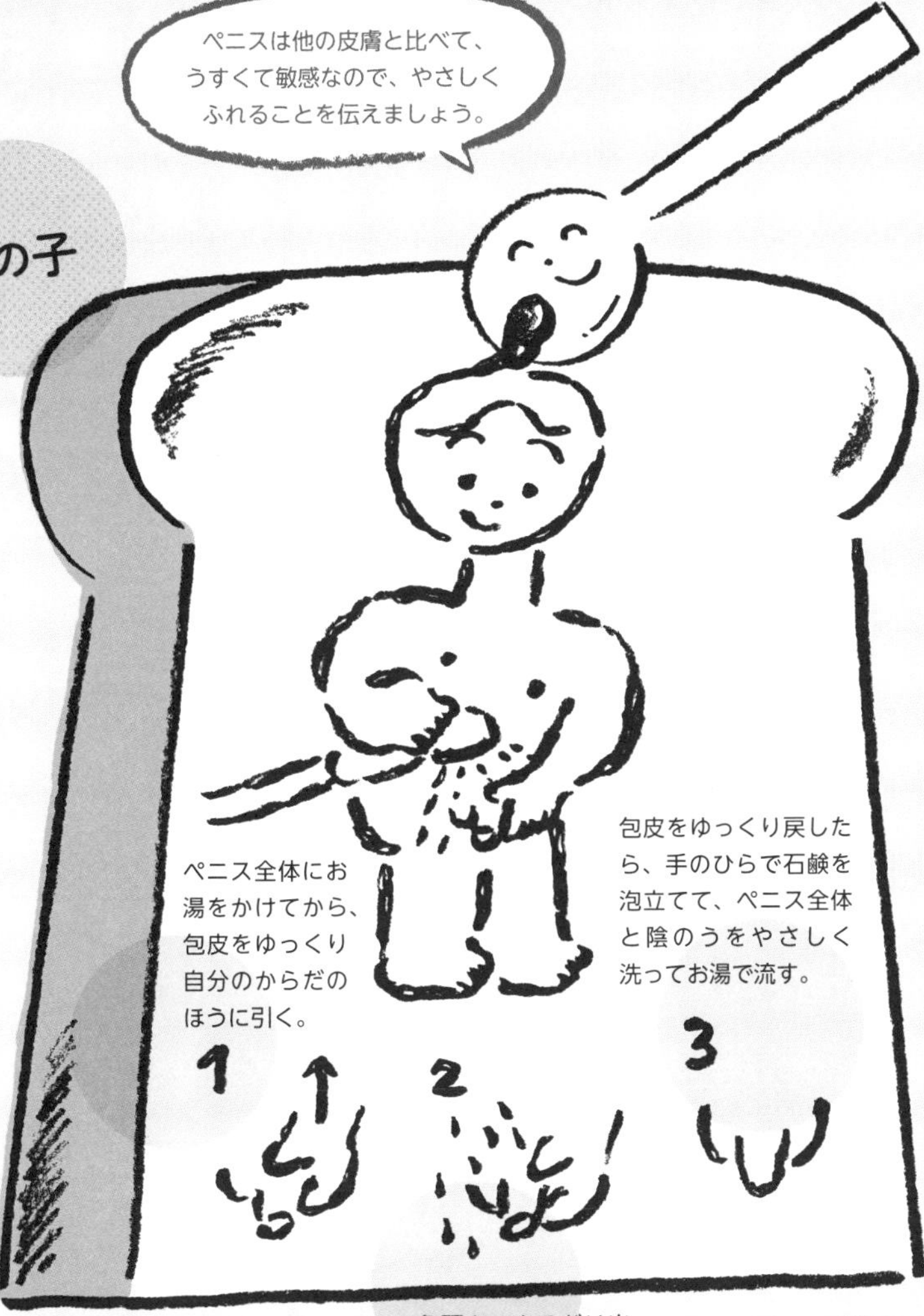

ペニス全体にお湯をかけてから、包皮をゆっくり自分のからだのほうに引く。

包皮をゆっくり戻したら、手のひらで石鹸を泡立てて、ペニス全体と陰のうをやさしく洗ってお湯で流す。

亀頭をできるだけ出してお湯をかける。

包皮を引くとき、
痛くなったら無理をしないで
止めて大丈夫と伝えましょう。
この洗い方をトレーニングして、
少しずつ全部むき出せる
ようにしましょう。

最後に石鹸を
もう一度泡立てて、
肛門のまわりも
洗いましょう。

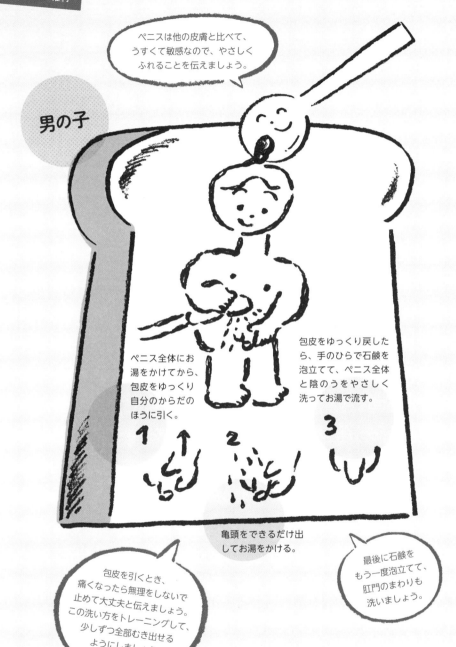

センサー作動中のサンドイッチ

なんだか
キュウリの場所が
イヤだな…っ

からだが感じる快・不快の気持ちを、日頃から言葉にすることが、いざというときのNO！　につながる。

4 ハテナゾーン(ハテナタッチ)はNGサイン

もし知らない人に、からだを勝手にさわられたり、じろじろしつこく見られたら「嫌だ!」「やめて!」「助けて!」と大声を出して逃げましょう。できるだけ人の多いところへ! この不快な気持ちは、からだのＮＧサイン。これは、本能的な危険察知センサーが作動しているのです。また、身近な人にも「なんだか嫌だ」「なんだか怖い」「心がざわざわする」といった、快と不快の間のはっきりしないハテナゾーンを感じることはありませんか? これも、からだのＮＧサインです。

子どももデリケートに空気を読んで、「塾の先生が肩にふれてくるの、嫌だ……、でも言えない」「近所のおばちゃんにハグされるの本当は嫌だけど……」などと、誰にも言えずにハテナタッチを我慢していることがあるかもしれません。これは危険です! なぜなら、おさえ込むことをくり返していると、危険察知センサーが作動しなくなってしまいます。子どもがセンサーをしっかりと作動させ、「ＮＯ!」と主張できるようになるためには、どうしたらいいのでしょう。

たとえば、ふかふかの布団に入ったときに「気持ちいいねー」、食事のときに「おいしいね」「これ大好き」、電車に乗ったときには「満員電車は息苦しいなー」など、ささいなことですが、まずは親子で一緒に快・不快の気持ちを素直に言葉で表現してみましょう。

焼き立てコラム

増やそう！ 感情言葉のレパートリー

自分の感じた気持ちにふたをせず正直でいることは、心を健康に保つことでもあります。感覚や感情をにぶらせないために、まずは素直な気持ちをどんどん言葉にすることから始めてみましょう。親が言葉にすることで、子どもも少しずつ言葉の引き出しを増やしていけます。

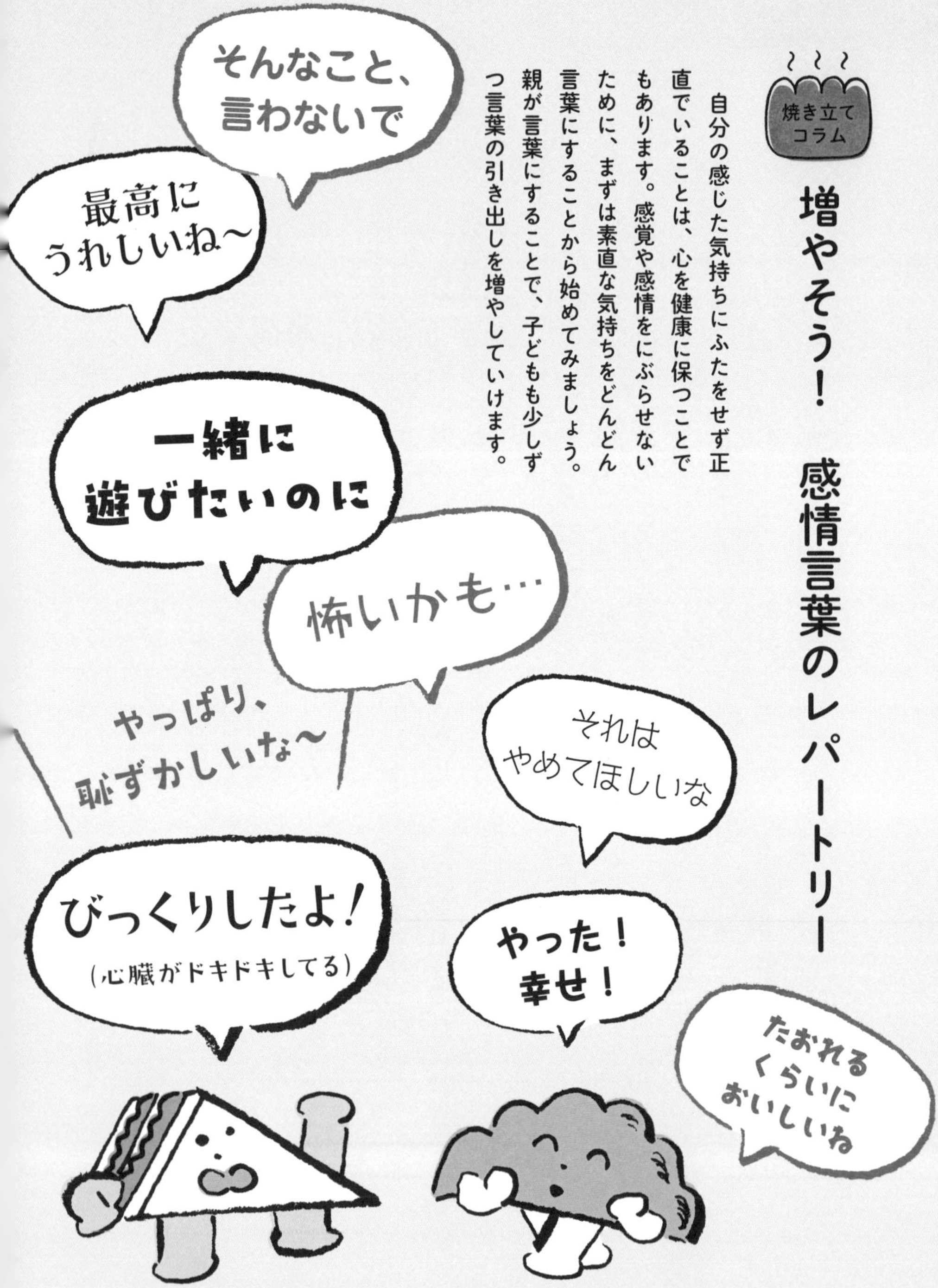
そんなこと、言わないで
最高にうれしいね～
一緒に遊びたいのに
怖いかも…
やっぱり、恥ずかしいな～
それはやめてほしいな
びっくりしたよ！（心臓がドキドキしてる）
やった！幸せ！
たおれるくらいにおいしいね

自分の気持ちを大切にすることと、人を傷つける言葉を使うことは両立しません。言われてうれしい言葉や、使ってはいけない言葉にはどんなものがあるか、親子で話し合っておくことが大切です。

痛いよ、やめて！
食べかけのパンはいらないよ
きみって、すごいね！
お腹いっぱいで満足
めちゃくちゃスッキリ！
しまった！ごめんなさい
すごくうれしい、ありがとう！
ガーン！悔しい
悲しくなってきた…

確認する ホイップクリームパン

うれしい気持ちだから
ぎゅっとしていい？
いいよ！
でも ホイップクリーム
出さないでね

子どもが同意のスキルを
身につけるためには、親
こそ子どもに同意をとる。

5 する・しないは自分が決める

親子が愛情を伝え合うふれあいは、とても大切なことです。でも、子どもがかわいいからといって、急にハグしたり、いきなりこちょこちょをしたりするのは、ちょっと考えてみましょう。なぜなら、好意や親しさと、同意を得ず相手のからだを勝手にさわることは、ぜんぜん別のことだからです。

誰かが自分になにかをしようとしたとき、自分の気持ちに沿って受け入れるか、受け入れないかを決めていい。これが同意の考え方です。だから、「うれしいからハグしてもいい?」などと、子どもに聞いてみてください。

もし、子どもにいきなりおっぱいをわしづかみされたら、「あれ!? ママのおっぱい勝手にさわっていいの?」と聞いてみましょう。幼い子どもはなかなか自覚できないと思うので、「ママも勝手にさわられたらいやだな」と、言葉にして伝えましょう。

また、トイレトレーニングや歯の仕上げ磨きのときも、いきなり始めず、「汚れちゃったからパンツを取り替えるよ」「さあ、磨くからお口に歯ブラシを入れるよ」など、親のほうから声がけ（同意の確認）を習慣にしてみてはどうでしょう。

親のこのような意識で、「自分のからだは自分だけの大切なからだ」「からだに感じる思いも自分だけの思い」ということを、子どもは知っていきます。そうすることで、子どもは成長するにつれ、自分も相手も大切にできる、貴重なスキルが身につくようになっていくと思います。

焼き立てコラム

からだの境界 ～パーソナルスペース～

人には、自分だけのパーソナルスペース（誰かが入ってきたとき、不快に感じる自分だけの空間）があり、勝手な侵入から守られる権利があります。親が子どもの境界（バウンダリー）を守ることは、子どもが「自分のからだは自分だけが主人公」と理解する近道になります。

自分の空間

目には見えない自分だけを取り囲む大切な空間で、大きさは人それぞれ。必要以上に近づかれ不快に感じたらNOと伝えてOK。逆に相手にNOと言われたら、相手が決めたNOを尊重することがルール。

同意

相手の空間に入るときや、相手のからだにふれたいと思ったとき、一方的ではなく言葉を使って相手の気持ちを確認する行為。同意なしに境界を越えてはいけない。

とくに大切なところ

「手をつなぐのはいいけど、腕を組むのは嫌」「髪の毛は絶対にさわられたくない」など、人それぞれ大切にしている場所は違う。勝手に写真を撮る、じろじろ見るのもNG。

自分のからだ

からだはプライベートパーツの集合体。急に抱きつく、さりげなく肩をさわるなど、勝手に相手のからだにふれてはいけない。子どもの世話をするときは、声をかけて行う。

からだの権利

からだの権利は、生まれたときから誰もが保障されているからだの約束ごと。自分のからだにポジティブな感情を抱き、自分のからだに起こるすべてのことを、自分で選んで決めていくために、おとなも子どもも知っておくことが大切です。

からだの境界と、からだの権利は、人種や年齢、性別、階級や能力などに関係なく、全員がもっています。

1
自分のからだのパーツの名前や機能を十分に学ぶことができる。

勝手にさわらないで！

2
誰もが自分のからだのどこをどのようにふれるかを決めることができる。

1
2
3
4
5

3
けがや病気になったときに治療を受けることができ、健康が守られる。

4
心やからだに不安があるときに相談ができる。

もしもし

5
④までのことが実現できていないときは「やってください」と主張できる。

チョココロネの大笑い

ワッハッハッハッハッハ

からだを健康に保つ方法はいろいろあるけど、まずは笑って心の免疫力を上げることが大事。

6 免疫はからだを守る

健康を維持し、毎日気持ちよく生活するためには、家庭でどのようなことができるでしょうか。

まずは、お風呂、歯磨き、手洗い、うがいなど、からだを清潔にしましょう。からだがきれいになってスッキリしたという感覚を大切にするために、「あ～、気持ちいいね」などと、子どもには言葉をかけるのがいいかもしれません。

それから、免疫力を下げないことも大切です。バランスのよい食事を心がけ、親子で外遊びをするのもおすすめです。毎日30分くらい外で日光を浴びるだけでもOKです。そして、睡眠も十分にとりましょう。3～11歳の子どもは、1日10時間くらい眠ることが理想といわれています。

でも、清潔、食事、運動、睡眠はもちろん大切ですが、あまり神経質になるのも逆効果。もともと人のからだは、ばい菌やウイルスが入りにくくするしくみや、入ってしまっても殺菌してしまうすごい機能をもっているからです。

それから、心の免疫力も上げましょう。効果的なのは、毎日たくさん笑うことです。じつは笑うことは、脳の血流を高めて細胞を活性化させ、代謝を促し、免疫力をアップさせるといわれています。また、笑うことはリラックス効果も抜群です。それに子どもにとって、お母さんとお父さん、身近な人の笑顔は太陽みたいなものですから。

焼き立てコラム

からだを守る3つの壁

私たちのからだの中にある免疫は、ウイルスや悪い影響を及ぼす細菌などからいつもからだを守ってくれています。免疫は、大きく分けると「自然免疫」と「獲得免疫」の2つがあり、守られるしくみは3段階あります。人間のからだって、すごいですね。

物理的ガード

皮膚や粘膜が障壁となって、細菌やウイルスなどの異物が体内に入ってくるのを、いちばんはじめに防ぐ。

自然免疫ガード

生まれつき人間のからだに備わっている免疫で、体内に入ってきた病原体に自然に反応し、相手を選ばずアタックする。

獲得免疫ガード

入ってきた病原体に対して、特異的に働く後天的な免疫。一度免疫の記憶がつくられると、2度目に侵入されたときにはすばやく攻撃する。

日頃からできるウイルス対策は、「手洗い」「うがい」「マスク」が効果的です。空気感染を防ぐには、換気による対策も重要です。

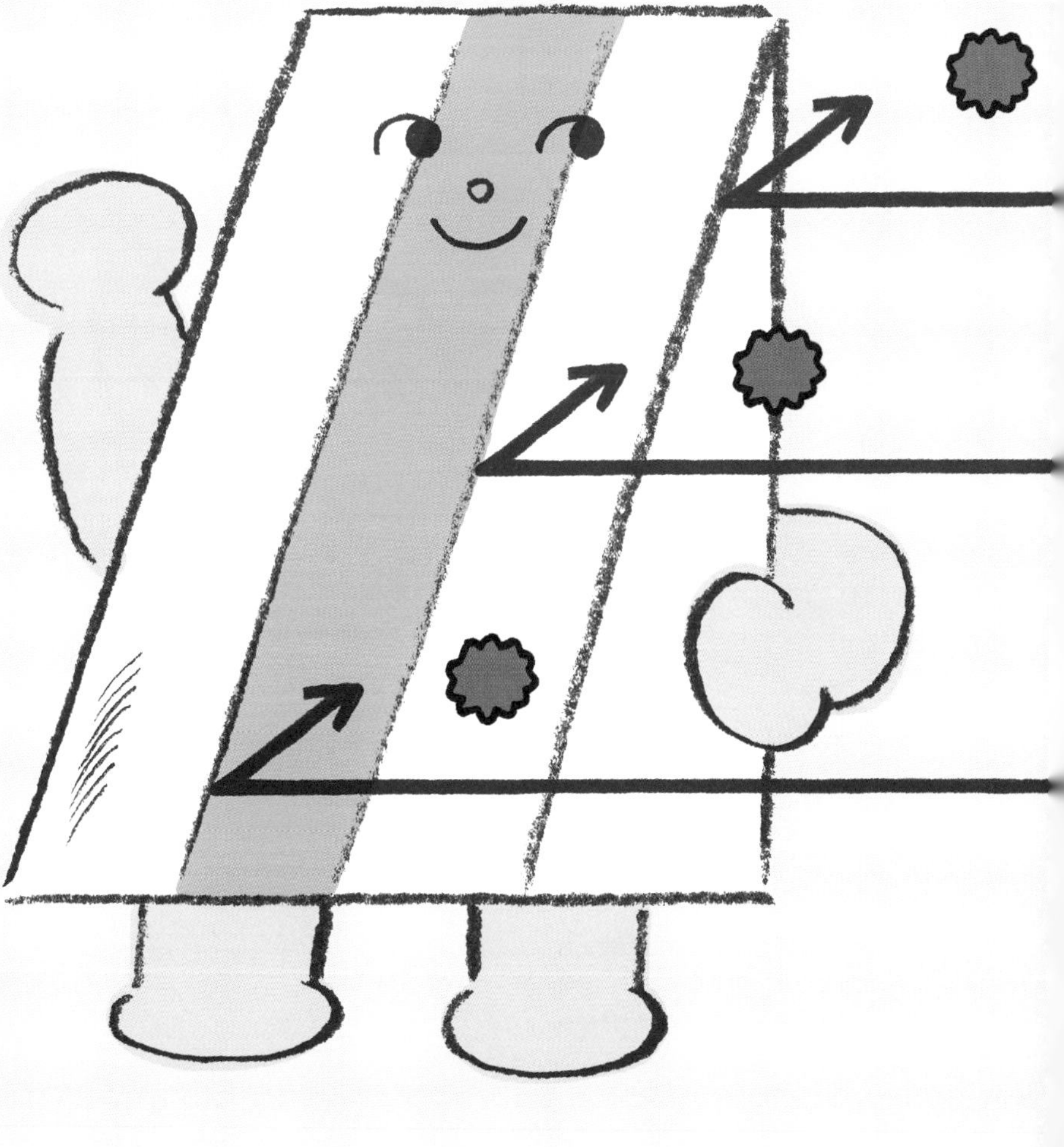

事情を知らせるかにぱん

こう見えて
左のツメが
いたいんだ

親が無理をしないで不調を伝える
ことで、子どもも安心して、自分
の不調や事情を話せるようになる。

7 誰でも見えない不調がある

人はそれぞれ、体調がよいときも悪いときもあります。たとえば、おとなでも、病気とまではいかないけれど、生理痛や、気候に敏感に反応し、体調不良を感じるときもあるでしょう。それは、本人だけが自覚できるからだの不調です。

子どもも同じように、本人にしか自覚できない不調があります。元気そうにみえても、子どもはおとなが思う以上に疲れていることもあります。それをうまく言葉で伝えられないこともあります。だからちょっと見ただけで「なまけている」「だらしない」などと、一方的に判断してはいけません。

まずは、子どもの様子をよく観察しましょう。言葉にならないメッセージをしぐさなどから受け止めることも、その子の体調を知る大きな手がかりになります。塾や習いごとや遠出などは、余裕のあるスケジュールで行い、毎日の生活のなかで子どもがなにもせず、ぼーっとしていられる時間をつくってあげましょう。

親も、「こうあるべき」という理想にしがみつかず、必要以上に頑張らなくてもよいのではないでしょうか。体調が悪かったら、掃除や洗濯はお休みにして、食事だって、ときにはデリバリーでいいではありませんか。「今日はすごく疲れているの」「頭が痛くてつらいの」など、正直に子どもに伝えることで、子どもは自分以外の人への気遣いができるようになるでしょう。

焼き立てコラム

パンとは限らない

今まであたりまえと思っていたことに疑問をぶつけ、先入観を捨てて見方を変えてみると、見える景色が格段に広がります。相手の立場で考えることができたり、いろいろなアイデアを思いついたり、一歩先へ進むチャンスかもしれません。まずは、頭がほぐれる体操から始めてみましょう。

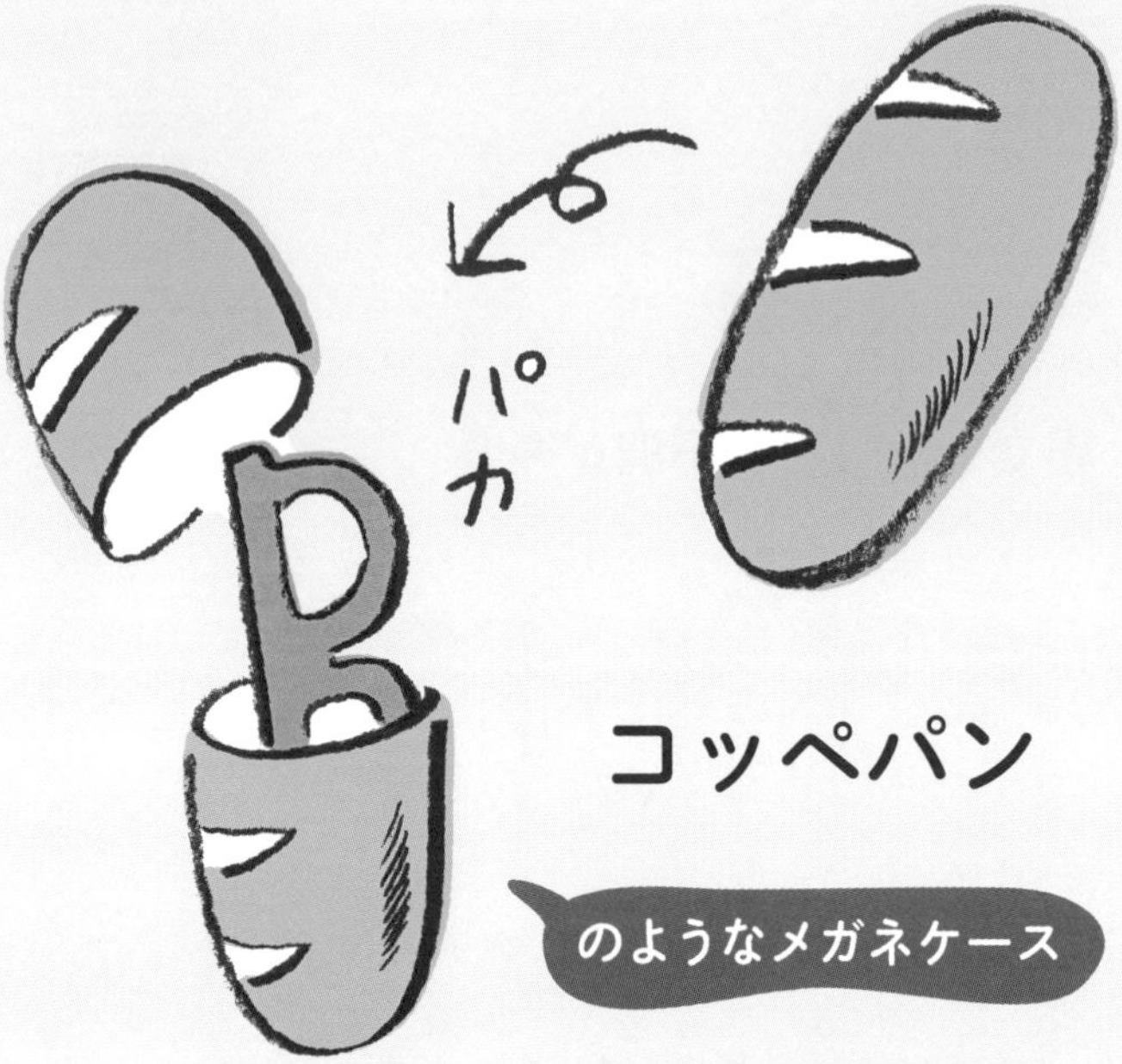
パカ
コッペパン
のようなメガネケース

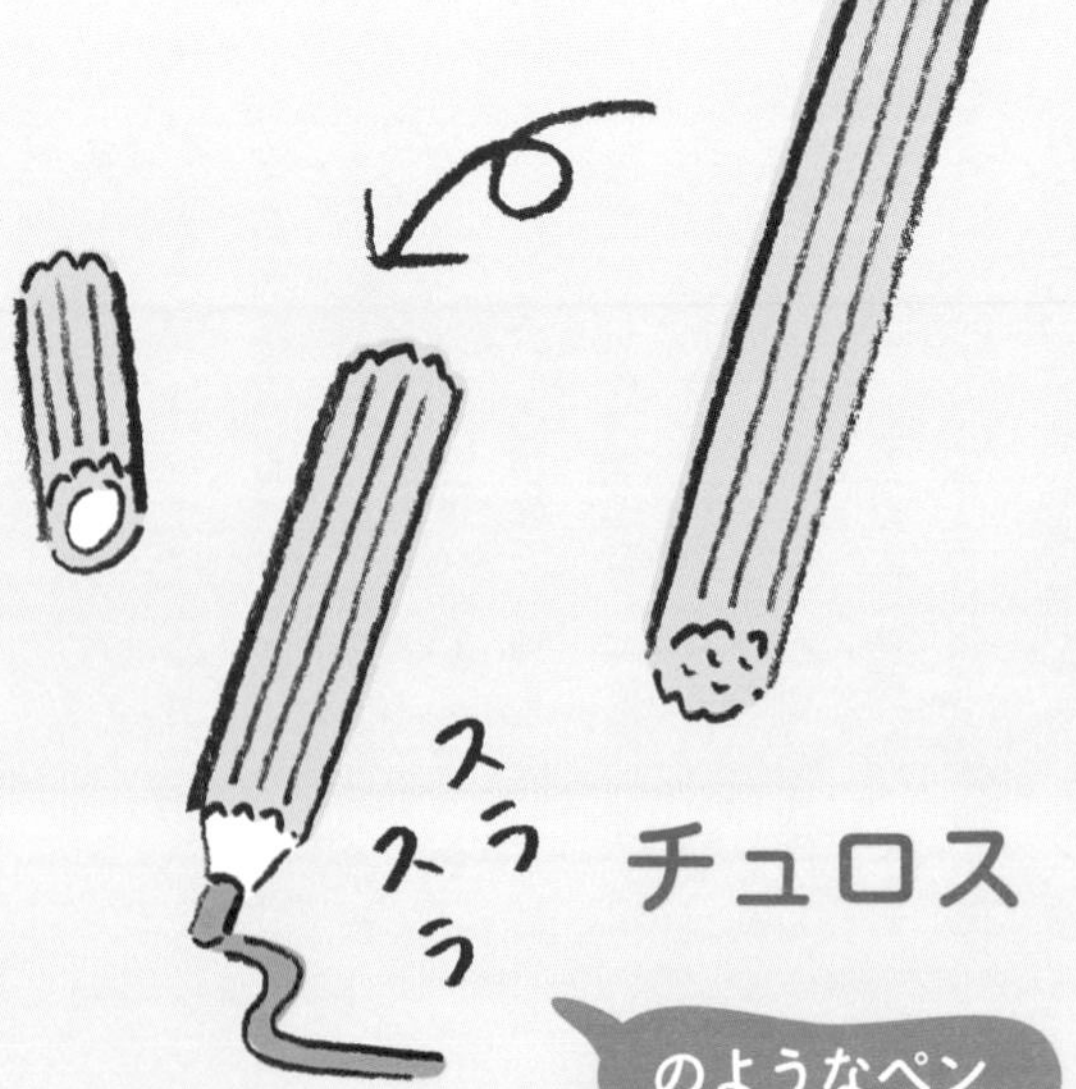
スラスラ
チュロス
のようなペン

321
ピッピッ

6枚切り食パン

のような電卓

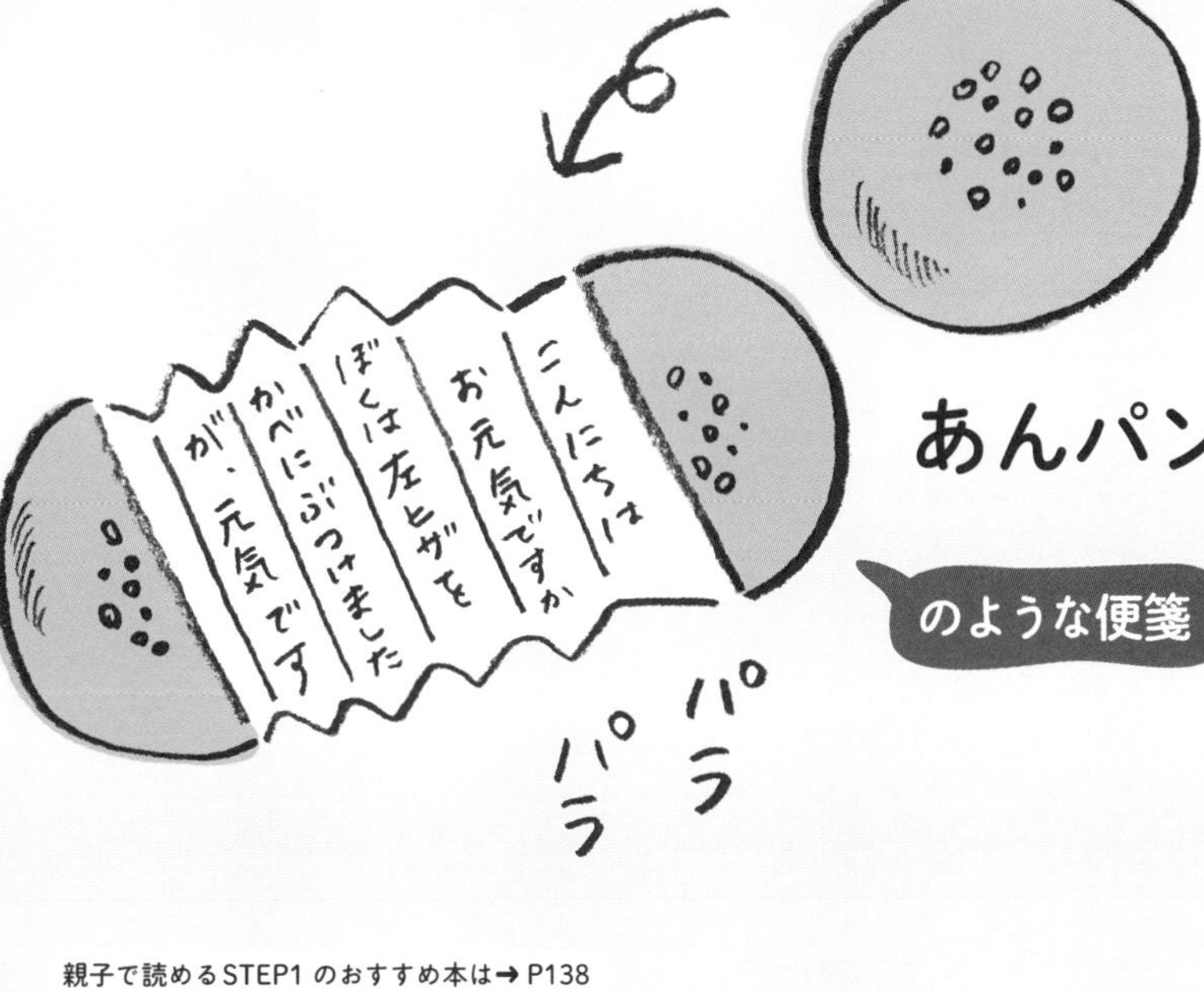
こんにちは
お元気ですか
ぼくは左ヒザを
かべにぶつけました
が、元気です
パラパラ

あんパン

のような便箋

家族や友だち、好きな人など、
さまざまな種類がある「人間関係」。
身近な人たちと安心できる関係を
築いていくために知っておきたい。

STEP 2

関係の多様性

歴史を伝えるチェリーパン

昔は
アメリカン チェリーも
いたんだよ〜

家族の形は「ときが経つにつれて変わるもの」と、子どもに伝えることが、多様な家族の形を認める第一歩。

8 家族の形はいろいろ

家族の形ってどのようなイメージですか？　お父さん、お母さん、兄弟姉妹、おじいちゃん、おばあちゃん、このようなイメージが多いでしょうか。でも実際は、家族の形も大きさもさまざまなのです。

お母さんと子どもだけで暮らす小さな家族もいれば、親戚のおじ、おば、いとこたち、ひいおじいちゃん、ひいおばあちゃんと一緒に暮らす大きな家族もいます。

また、同性カップルや、血縁関係のない養子を迎えていたり、お父さん、お母さんの新しいパートナーと暮らしている人もいます。ペットを家族と考える人もいるかもしれません。このように家族の形はいろいろです。

だからまず子どもには、自分たちの今の家族の形を「うちはこうなんだよ」と、ありのままに話せばいいのです。そして、そんな家族の形や大きさは、人生の流れのなかで、子どもが生まれたり、独立したりと変化もします。「昔はおじいちゃん、おばあちゃん、いとこたちも一緒に暮らしていたんだよ」「結婚してからパパと二人で暮らして、あなたが生まれて3人になったんだよ」など、現在の形になるまでの家族の歴史を伝えてあげると、子どもは自分のルーツを知り、家族のつながりを実感し、家族の形は自分たちでつくるものとわかっていくのではないでしょうか。

家族とは、思い込みや理想の家族のイメージや定義ではなく、それぞれの家族の人間関係によって、多様な形があるのです。

焼き立てコラム

パン家族のとある日常

世界には、人の数だけ家族の形があり、いわゆる「ふつうの家族」の形はありません。家族の形は、家族のメンバーがお互いを尊重しながら安心できる形に日々変化していくもので、どんな家族の形も現在進行形なのです。

一緒に暮らす相手、人数、場所、過ごし方などみんな違うけど、みんな「家族」であることには変わりありません。

おしゃべりが好きなサンドイッチ家族

にぎやかで たのしい米粉の食パン家族

かたいけど ハートがあたたかい ハード系家族

ロールパンのトマト交換

よろしく〜
今日はこっちでトマトはさむよ

家族には、物理的な役割もあるが、存在自体の役割もある。

9 役割はそれぞれにある

家族はひとつのチームです。それぞれの能力に応じて役割を担うことで、生活はスムーズになり、家庭はより楽しい場所になります。なにより、一人ひとりが誰かの役に立つことで、喜びと達成感が得られます。そんな「誰かの役に立つチャンス」を子どもにもどんどんつくってあげましょう。

たとえば、ペットボトルのラベルはがし、トイレットペーパーの補充など、小さな子どもでもできる簡単なことから頼んでみましょう。「あー、自分でやったほうが早いな……」なんて思っても、子どもに任せましょう。そして、「ありがとう」「助かったよ」という、感謝の気持ちを言葉で伝えることも大きなポイントです。誰かの役に立ったこと、認められたことで、子どもは自信をもっていくからです。

そして、夫婦が役割分担を柔軟に変えることも大切です。ときには、ゲーム感覚でいつもの家事を交換してみるのもよいかもしれません。なにより、家族がお互いに助け合う姿を子どもに見せることは、将来とてもプラスになります。

また、家族は物理的な役割だけでなく、いてくれるだけで、すでに気づかないうちに心の支えになっているのです。子どもはおとなとは全然違う切り口で物事をみたり、意外な発想力があり、親は子どもから教わることや、気づきも多いものです。そう考えると、子どもの存在自体が親にとって、もう役割を果たしているといえるかもしれませんね。

モンブランパンの自立の一歩

うん
あっちで
のせてくるね

おとさない
ようにね〜

親の子離れの第一歩は、子どもがひとりになれる場所をつくってあげること。

10 成長に合わせてプライバシーが必要

一緒にお風呂に入るのは、親と子どもにとって楽しみのひとつ。裸になると、心も解放されて、ふだんよりずっといろいろなことが話せます。園での様子、学校でのおもしろいエピソード。お風呂は親子の親密なコミュニケーションの場ですよね。でもそれは、いつごろまでOKなのでしょう？　そのへんは、家族によってまちまちです。

ある程度ひとりでからだが洗えるようになったら、「今日はひとりで入ってみようか？」などと、親のほうから少しずつ提案してみてはどうでしょう。

また、ひとりでお風呂に入れるようになったら、その子だけの空間もつくってあげましょう。寝室が別々というのが理想的ですが、それが無理でも、最低限ふとんやベッドは別にしましょう。部屋をカーテンでしきって、その子だけのプライバシーを守ってあげるのもよい方法です。

成長とともに必要な、ひとりの時間と空間を確保することは、子どもの心の安定につながります。そしてこれは、子どもの自立の第一歩であると同時に、親も子どもをひとりの人としてとらえ、対等に向き合うことでもあるのです。

見守るあんパン

お、お〜〜
オッケ〜〜
あんこじゃなくて
キムチを
入れる！

親が子どもの意思決定を尊重することで、子どもは責任をもつようになる。失敗にみえても子どもは成功に近づいている。

11 失敗する権利がある

子どもが決めたことは、間違いや失敗が多いかもしれません。結果も予想とは大幅に違っていることもあるでしょう。でもそんな経験は、成長のプロセスのなかで必要です。どんな結果であろうとも、自分のやったことを認め、責任をもつことが、ゆくゆくは自信につながるからです。

まず、子どもが自分で決めたことを実行するということ、それがたとえうまくいかなかったとしても、その経験から学ぶことはとても多いものです。もしかしたら、「失敗」こそ成長するための「財産」といえるかもしれません。

ここで親がいちばん気をつけたいのは、不安なあまり、子どもに失敗させないように先回りをして、世話をやきすぎてしまうことです。一見、失敗をさせないことは、よいように思いますが、長い目でみると、子どものやる気や自分で考える力を奪ってしまうことにもなりかねません。親は、ハラハラすると思いますが、命の危険がある場合を除いては、腹をくくって見守りましょう。

親だって失敗したら、「あ〜、失敗しちゃった！　でも次は頑張ろう」と、ポジティブに切り替えましょう。子どもが失敗してしまったら、「大丈夫。次はきっとできるよ」という励ましと、親のポジティブな心のもちようが、子どものめげない心の強さをつくっていくのです。

「失敗」の経験も後になれば、子どもがひとまわりもふたまわりも大きく、心豊かになるためのステップだったと思える日がくると思います。

パニーニのクールダウン

頭を冷やして自分を見直す。
子どもに必要なのは、口出しではなく寄り添う気持ち。

12 過干渉は意思決定に影響

親が子どもに日常的に口にしている言葉……、たとえば「早くしなさい！」「〇〇してはダメ」。子どもが心配なあまり、つい言ってしまうのかもしれませんが……。でもこんなふうに考えたことはありますか？「それって、本当に正しいの？」「言われた子どもは、どう感じているのかな？」

　いつもいつも親が指示してしまうと、子どもは自分の考えで行動できなくなってしまいます。また、子どもを心配しているといいながら、本当は親自身が安心するために、親の価値観や都合をおしつけている場合もあります。どちらも子どもが自力でクリアすべき課題を奪い、自立しようとする力をさまたげているかもしれません。

　まず親が立ち止まり、自分自身に問いかけることが必要ではないでしょうか。子どもの気持ちに寄り添っているだろうか、干渉しすぎていないだろうか……と。

　ときには喫茶店や公園のベンチで、ひとりになってゆっくり考えてみるなど、クールダウンをする時間をもつのがＧｏｏｄ！「絶対だ」「正しいに決まっている」「そんなのあたりまえだ」と思っていることを、冷静になって一度見直してみませんか。それらが、じつは自分の思い込みや、ただのこだわりだったなんてこともあるかもしれません。

耳を傾けるレーズンパン

レーズンを
目に つけてるんだ
それも いいね〜

親が子どもの意見を受け止めること、お互いの意見を伝え合う過程が最も大事。それが子どものエンパシーになる。

13 それぞれに価値観がある

「子は親を映す鏡」「親の背中を見て、子は育つ」ということわざにもあるように、子どもは親の価値観やふるまいに大きな影響を受けます。

たとえば、子どもへのまなざし、言葉、声のトーン、表情、しぐさ、そんな家庭内の空気のようなものが、じつは子どもの心にとても影響しています。また、近所の人へのあいさつ、お店の人への態度など、身近なコミュニティでの親の言動も、子どもはよく見ています。

でも、親のコピーのようになるのかというとまた違っていて、影響を受けながらも成長とともに、子ども自身の価値観をもつものです。イヤイヤ期や反抗期などは、自分自身の価値観を確立していくプロセスのなかで起こってくるのです。

その子にとってなにが大切か、優先順位がだんだん明らかになっていきます。なにを大切にしたいかの基準（価値観）は、人それぞれです。たとえ、親子や家族であっても、それぞれ違ってあたりまえ。だから自分の考え方と違っても、まずは子どもの意見に耳を傾けましょう。頭ごなしに否定するのは考えものです。

違った価値観をもつ人との対話は、世界を広げる可能性もあります。これは、子どもが将来自分と違った考えをもつ相手に出会ったとき、相手のことを想像して思いやる力（エンパシー）になるからです。

焼き立てコラム

自分の価値観発見

並んでいるパンのなかから、好みのパンを選んでみましょう！　すごくお腹が空いていたらお腹がいっぱいになりそうな大きなパン、急いでいるならひと口で食べられそうな小さなパン、値段よりも素材にこだわったパンがいいなど、それぞれなにに魅力を感じて選ぶかは自由です。

ひとつの答えにこだわらなくてOK。まずは「自分がなにを大切にしたいか」を、自分で知っておくことが大切です。

ほそパン ¥380
とにかく大きいパン ¥80
人気
どうってことないパン ¥150
米粉のひとくちパン ¥80

国産オーガニック
食パン ¥1200
激辛
店長オススメ
ゆめみるクリームパン
¥280
しびれるカレーパン
¥320
もずく酢パン
¥420
くつ下パン
¥250
大うずまきパン
¥400

トングとフランスパンの友情

友情を築くのに、人種、年齢、性別、国籍は関係ない。

14 友情の形はいろいろ

子どもの成長は、親や家庭環境だけでなく、友だちの存在からも大きな影響を受けます。家庭の外で、いろいろな人と関わりをもつことで、コミュニケーション能力や感受性が育まれていくのです。

家族の形もさまざまですが、友情の形もさまざまです。同じ園や小学校の友だちだけでなく、近所のお兄さん、お姉さん、サッカークラブやダンス教室などの友だち、国籍が違う友だちもいるかもしれません。その人のキャラクターが魅力的であれば、人は自然に惹かれていくものです。人種、年齢、生い立ち、家庭環境、考え方などがまるで違う人たちと出会うことで、多様な生き方を知り、考え方も柔軟になり、世界観が広がっていくのでしょう。

さまざまな友人関係を築くことは、「人間をみる眼」を養う、まさに「人間観のトレーニング」！　家庭のなかだけでは味わえないこの楽しさや喜びを、どんどん子どもたちには経験してもらいましょう。

幼いころは、園だけでなく近所の児童館や公園など、いつもと違う場所で新しい友だちをつくるのも楽しいかもしれませんね。最初はうまくきっかけがつかめなかったり、どうやって遊んでいいかわからないことがあるかもしれません。そんなときは、「一緒に遊ぼう」と親がまず声をかけ、子どもと一緒に友だちの輪に入っていきましょう。子どもは親の真似をして、だんだんひとりでできるようになるでしょう。

歩み寄るハードパン

けっこうかたかったんだな
そっちもな

ケンカをしてしまったときこそ、
相手の気持ちを知ることができ、
自分が成長するチャンス。

15 友情に必要なものを知る

友だちと関わるなかで、とくにぶつかり合うことで、子どものコミュニケーション能力は豊かになっていくといわれています。3～7歳くらいの幼児のケンカ体験は貴重な学びの場です。みんな泣いたり、泣かされたりという経験を通して、心やからだの痛みを知っていくのです。

しかし、殴る、蹴る、突き飛ばすなどの暴力や、相手の容姿、コンプレックス、障がい、人格を否定する言葉を使うのは絶対にいけないということを、親からしっかり伝えておく必要があります。ここでまず大事なのは、ケンカをしてしまったときに、自分や相手がどんな気持ちだったかを知ることです。ケンカの原因と、どうしたらケンカをせずにすんだか、どこで歩み寄れるか、親も一緒に考えて話し合いましょう。そして最後は仲直り！

もちろんケンカがエスカレートしたら、おとなが止めに入ることが必要です。また、子どもがケンカをくり返したり、すっきりした気持ちで仲直りできない場合は、なにか他の原因も考えられるので、じっくり話を聞きましょう。

子どもはケンカと仲直りをくり返しながら、どうやったら仲よくやっていけるのか、またケンカの手加減も学んでいきます。

それから相性もあるので、どうしても仲よくできなければ無理をせず、ほかの友だちと遊んだり、自分ひとりの時間を楽しむのもありかもしれませんね。

焼き立てコラム

みんなもひとりもいい時間

家族や友だちと一緒にいる時間は、にぎやかで楽しく、心地よいと感じる特別な時間です。でも、ひとりの時間も自分を大切にできる貴重な時間。着心地のよい服装に着替えてリラックスしたり、プールでぷかぷか浮いてみたり、おもしろい映画を観たり、自分が楽しくなる方法を知っておくことも大切です。

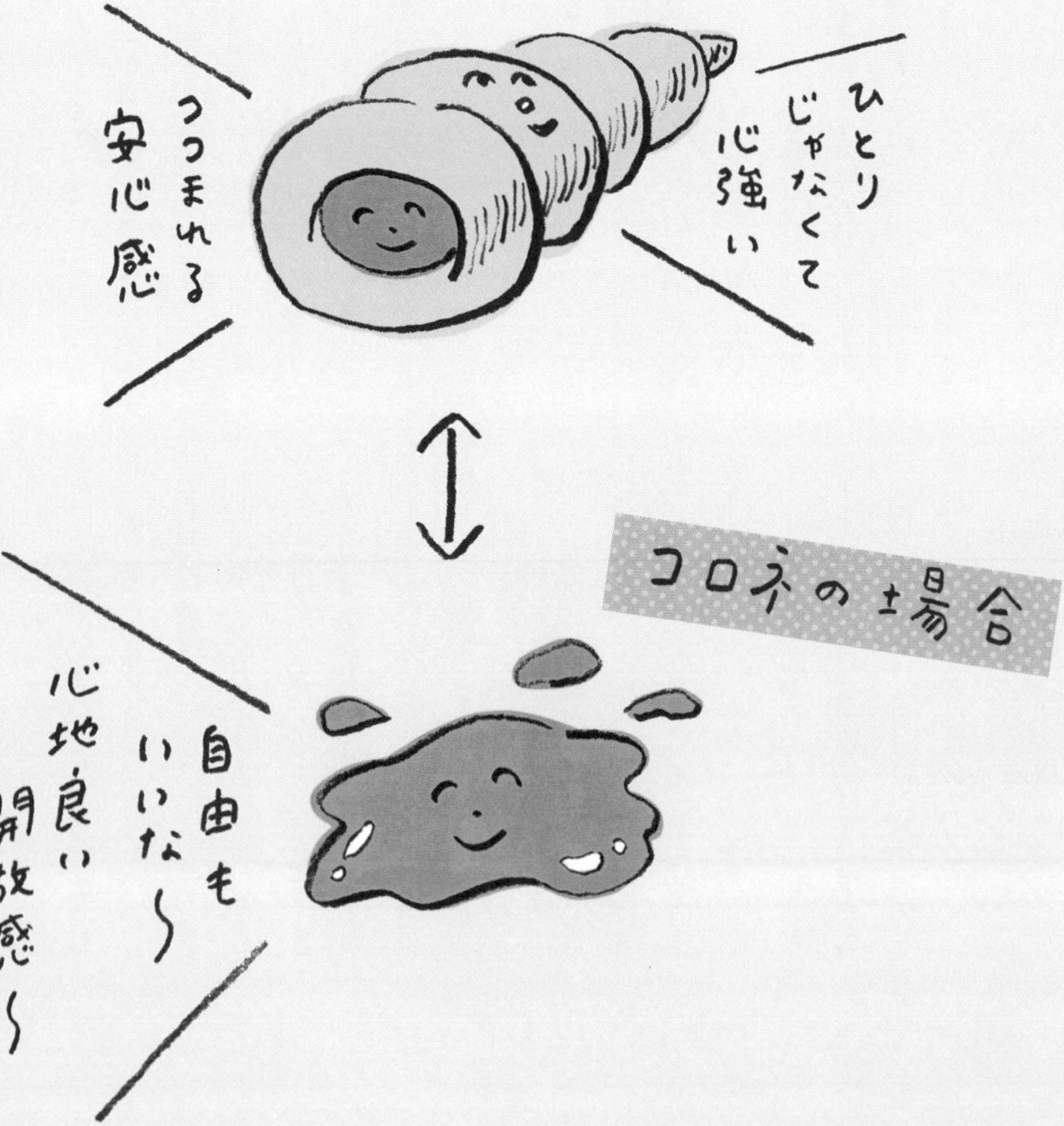
ひとりじゃなくて心強い
つつまれる安心感
コロネの場合
自由もいいな～
心地良い開放感～

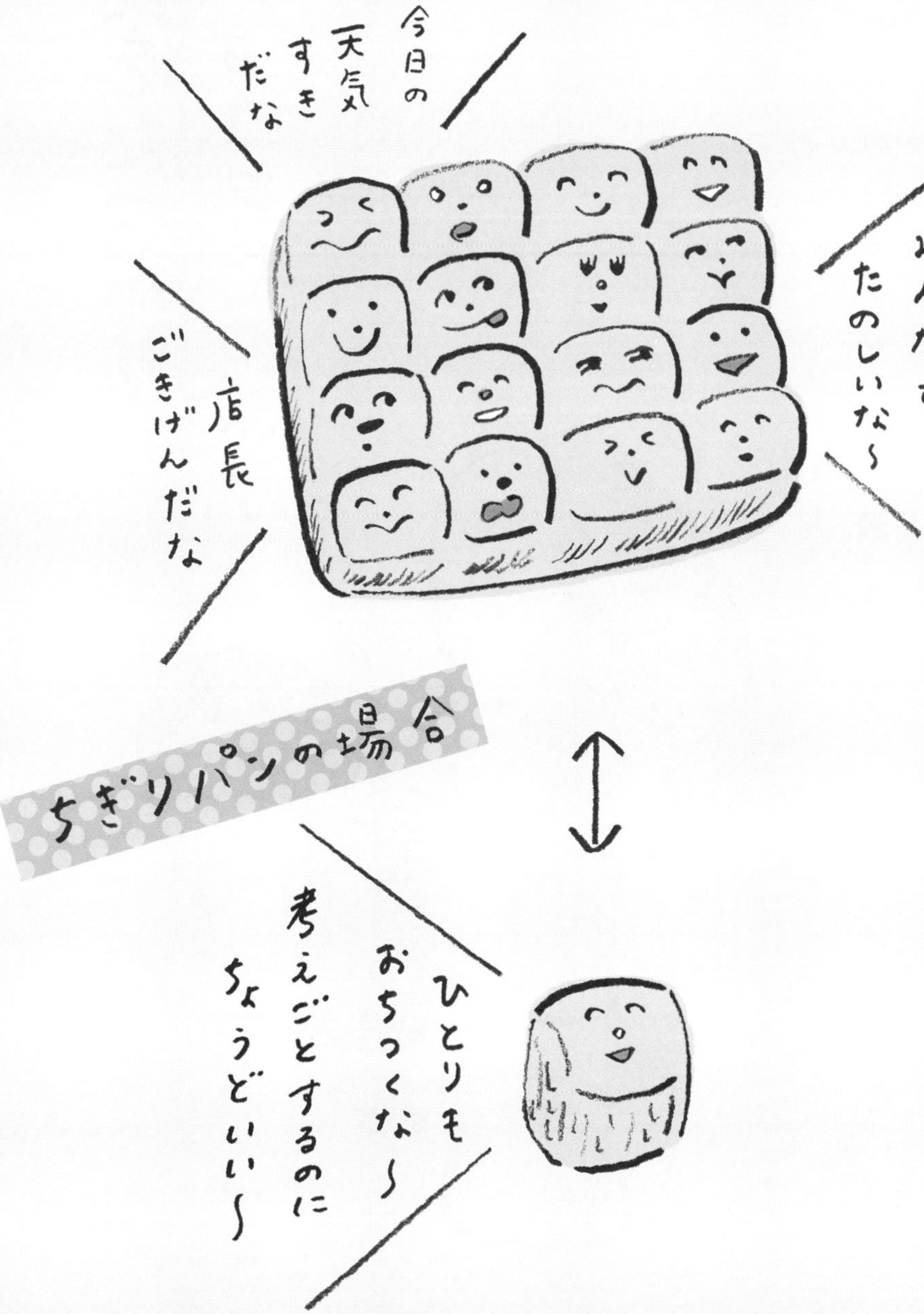
今日の天気すきだな
みんなでたのしいな〜
店長ごきげんだな
ちぎりパンの場合
ひとりもおちつくな〜
考えごとするのにちょうどいい〜

愛をたっぷり チョコをたっぷり

親の愛があるコミュニケーションが、善悪を判断する心を育てる。

16 ネガティブな影響を防ぐ

　友だち関係には、励まし合い、ともに高め合うというよい面がある一方、不安、不快、同調圧力をかけられるなど、マイナスな面もあります。両者が居心地よくなければ、健全な友だち関係とはいえません。もし嫌なことがあったら、きっぱり断る！　これはあたりまえのことですが、勇気がいることです。NOが言える人は、自分を信じる力をもっている人です。その力を育てていくのは、まず親や家族です。

　家庭では、常に子どもに完璧を求めるのはやめましょう。たとえうまくいかなかったとしても「ここまでよくやったね」と、結果よりプロセスを認め、「ここまでできたら、〇〇してみたらどう？」と、子どもの未来をポジティブにとらえて伝えましょう。

　また、親自身が常にネガティブな考え方や、人の悪口、噂話を口にしていると、子どもはまるで自分の悪口を言われていると感じてしまい、自信を失ってしまいます。

　それから、子どもをたっぷりかわいがってください。子どもにとってかわいがられるって、自分に関心をもってもらうことなのです。親にとっては、子どもの成長や変化を見逃さないことなんです。

　そして、子どもを信じてください。人は信じられたことによって、自分を信じることができるからです。そうすることで、子どものストレスを軽減させ、心を強くし、精神的自立を促す土台となるでしょう。当然、自分を信じる力も育っていくはずです。

焼き立てコラム

こんなのもある！ 身近な勇気

なにか大きなことを成し遂げたり、立ち向かうことだけでなく、日常生活でのささいな行動や決断も、じつは勇気のひとつです。親子で一日の出来事を振り返って、今日はお互いにどんなちっちゃな勇気を出したか伝え合い、お互いの勇気にエールを送りましょう。

あいさつをする

家の外に出る
歯医者に行く
髪の毛を切る
顔を水で洗う
自分の気持ちを伝える
人前で発表する
2つをひとつに絞る

眠るときに電気を消す
嫌なことには、やめて！と言う
電車で席をゆずる
できないことについて、教えてと聞く
落とし物を拾う
素直に謝る
困っている人に声をかける
早く起きる
好きな服を着る！
遊びに入れてと頼む
風邪薬を飲む

しろパンの報告

ブローチにしたくて友だちからくるみとったんだ
まあ！
ゆっくり話してくれる？

子どもが抱えるトラブルに気がつくためには、親の聞く力が必要。

17 いじめや暴力はいけない

いじめや暴力は絶対にいけません。でも幼い子どもは、なにがいじめや暴力（性被害を含む）か、はっきり理解できないところがあります。だから家庭で、「今日はどんなことがあったの？」と、さりげなく子どもに聞いてみましょう。「今日はこんなことがあったんだよ」と、親自身の話をして、子どもが話すきっかけをつくるのもよいでしょう。

子どもが話を始めたら、悪いところを責めたり、さえぎったりせず、最後まで聞きましょう。また、「それはこういうことよね」と、親が結論づけるのもNGです。ただ、子どもが言葉足らずの場合は、事実確認をしておきましょう。ここでのポイントは、子どもが事実をありのまま話せるように、親がきちんと聞くことです。

なぜなら、子どものなにげない話から「トラブルに巻き込まれていないか？」「いじめの被害者や加害者になっていないか？」と、親は察知できるかもしれないからです。そして、もしもの被害を最小限に止めることもできるでしょう。まずは話せたことを褒めてあげ、それからそのとき子どもがどんな気持ちだったかも聞いてみましょう。

このような親子の会話を日常的にすることで、子どもはあったことを具体的に伝えるスキルを身につけていきます。

今しか味わえない
あげパンのひととき

こんな時間もあとわずか。イラッとしたら、ひと呼吸おいて、うまくいかない時間こそ愛おしむ。

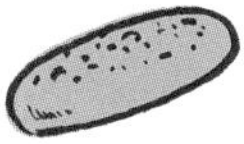

18 親しくても暴力はいけない

　親しくても、たとえ親子であっても、暴力は絶対にいけません。暴力とは、身体的な暴力、言葉による暴力、ネグレクト、性的暴力などがあります。そのなかでも、とくに身体的な暴力、いわゆる「体罰」が社会問題になっています。

「体罰」と「しつけ」は、はっきりとした線引きが難しいものです。あいまいな感覚のまま「しつけ」と称して行うことは、とても危険です。

　子育ては楽しいばかりでなく、大変なこともあります。親だって疲れていたり、時間や心に余裕がなかったり、どうしていいかわからないときもあるでしょう。はじめから完成形の親なんていなくて、子育てを経て親になっていくのです。そのプロセスのなかで、いろいろな葛藤があるのは当然です。叩きそうになったり、怒鳴ってしまいそうになったら、ちょっと立ち止まってみましょう。

　窓を開けて風にあたるなど、ほんのちょっとイライラを逃がす工夫をするのもいいでしょう。もし息詰まったら、ひとりで抱え込まず、誰かに話を聞いてもらうと心も軽くなります。

　子どもがすぐにできないことがあっても、ほかの子と比べて焦る必要はありません。だいたいは、おとなになれば大差がないものです。早くできることだけに目を向けず、少しずつできるようになっていく子どもの成長を見守る時期だと思えば、けっこう楽しいかも。

焼き立てコラム

気をつけたい身近な暴力

する暴力
心理的暴力
しない暴力
お風呂に入れない
汚れても着替えさせない
けがしても病院に連れていかない
テレビ見せっぱなし
親がスマホに夢中
放置の暴力
（ネグレクト）

暴力は大きく分類すると、叩く、大きな声で怒鳴るなどの「する暴力」と、食事を与えない、無視をするなどの「しない暴力」の2つに分けられ、それらは心理的暴力の要素が含まれています。明らかな暴力から、これって暴力!? というものまで、今一度見直してみましょう。

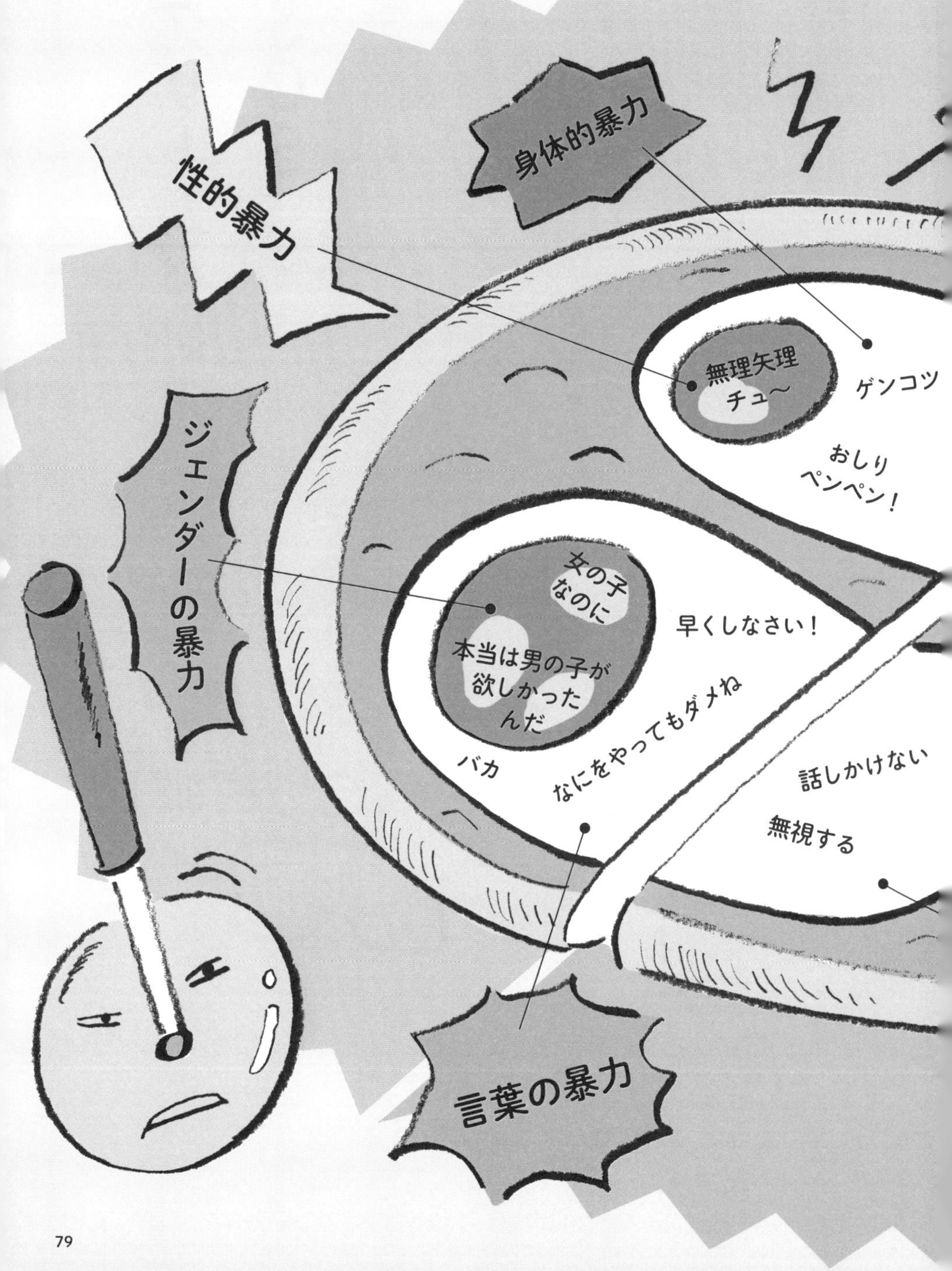
性的暴力
身体的暴力
無理矢理チュ〜
ゲンコツ
おしりペンペン！
ジェンダーの暴力
女の子なのに
本当は男の子が欲しかったんだ
早くしなさい！
なにをやってもダメね
バカ
話しかけない
無視する
言葉の暴力

クリームパンのSOS

クリームがもれてきちゃって
ボクのナッツつめとくよ!

親がSOSを求めることで、子どもは人と支え合えることを実感できる。

19 お互いに助け合うことができる

人はときに失敗したり落ち込んだりするものです。それはおとなも子どもも同じです。ピンチのとき、素直に助けを求めることができれば、気持ちも現状も、より早くポジティブな方向に向けることができるでしょう。

助けを求めることは、弱いことでも恥ずかしいことでもありません。なぜなら、私たちはいつだって助ける側と助けられる側、どちらの面ももち合わせているからです。

親がときには、「困ってるから、手伝ってくれる？」と子どもができそうなことを頼むのもOK。家庭で「助ける」「助けられる」経験をくり返すことで、子どもは自然に「助けを求めていいんだ」ということを理解していきます。人はお互い支え合って生きているのですから。

子どもに助けてもらったら、「ありがとう！」と、感謝の気持ちを伝えてください。その言葉で、子どもは誰かの役に立てたという喜びを感じ、ひいては人と支え合うことの大切さを味わうことができるのです。

ともに生きている私たちは、どんなときでも、助け合える関係でありたいです。家族や友人だけでなく、園や学校の先生など、社会には頼れる人がたくさんいます。親は意地を張らず、遠慮せず、どんどん知恵と力を貸してもらいましょう。それも、よりよく生きるためのひとつの知恵です。

カレーパンが好きなこと

日常にあるささいな「好き」
に気がつくことは、多様な
愛を知ることにつながる。

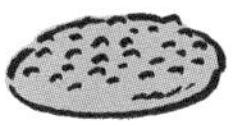

20 愛情の形はいろいろ

「愛する」ってどのようなことでしょう？ それは相手を大切に思うことです。とてもシンプルでしょう。

愛する相手はいろいろです。たとえば、親や子ども、友人、恋人、ペット、生きものだけでなく、本、写真、人形など、自分が心を込めて大切にしているものです。そして、どんなふうに愛しているかも、人それぞれ違います。「愛」はいろいろな形があるのです。

誰かが愛するものを一方的に否定するということは、その人自身を否定していることだと思います。では、子どもに幼いころから、いろいろな愛があることを伝えるには、どのようにすればいいでしょう。

子どもは、身近な存在を手本にして行動、表現をしていきます。そのことをモデリングといいます。親が、好きなものを大切にし、好きなことを楽しみながら、どんなふうに好きかも具体的に伝えてみてください。子どもも、「おばあちゃんのあったかい手が好き」「オレンジ色は元気が出るから好き」など、たくさんの好きがあり、どのように好きかを伝え合うことで、それぞれの好きなものや好きなことと、好きの表現はいろいろあっていいことを知ることができます。

日常に目を向ければ、小さくてもすてきだなと思うものはたくさんあるはずです。それは、毎日を新鮮にポジティブに生きることにもつながっていくのです。

焼き立てコラム

自分のなかのいろいろな好き

パンに書かれた質問に答えてみましょう。今までわかっていた自分の「好き」から、今まで気づかなかった「好き」まで、いつの間にかいろいろな「好き」を発見できます。また、好きなことや好きなものは変わってもOK。変化を恐れず、今の「好き」を大切にしましょう。

すきなパンは?
すきなせいざは?
すきなどうぶつは?
すきなしまは

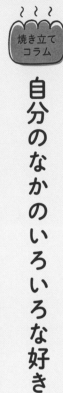

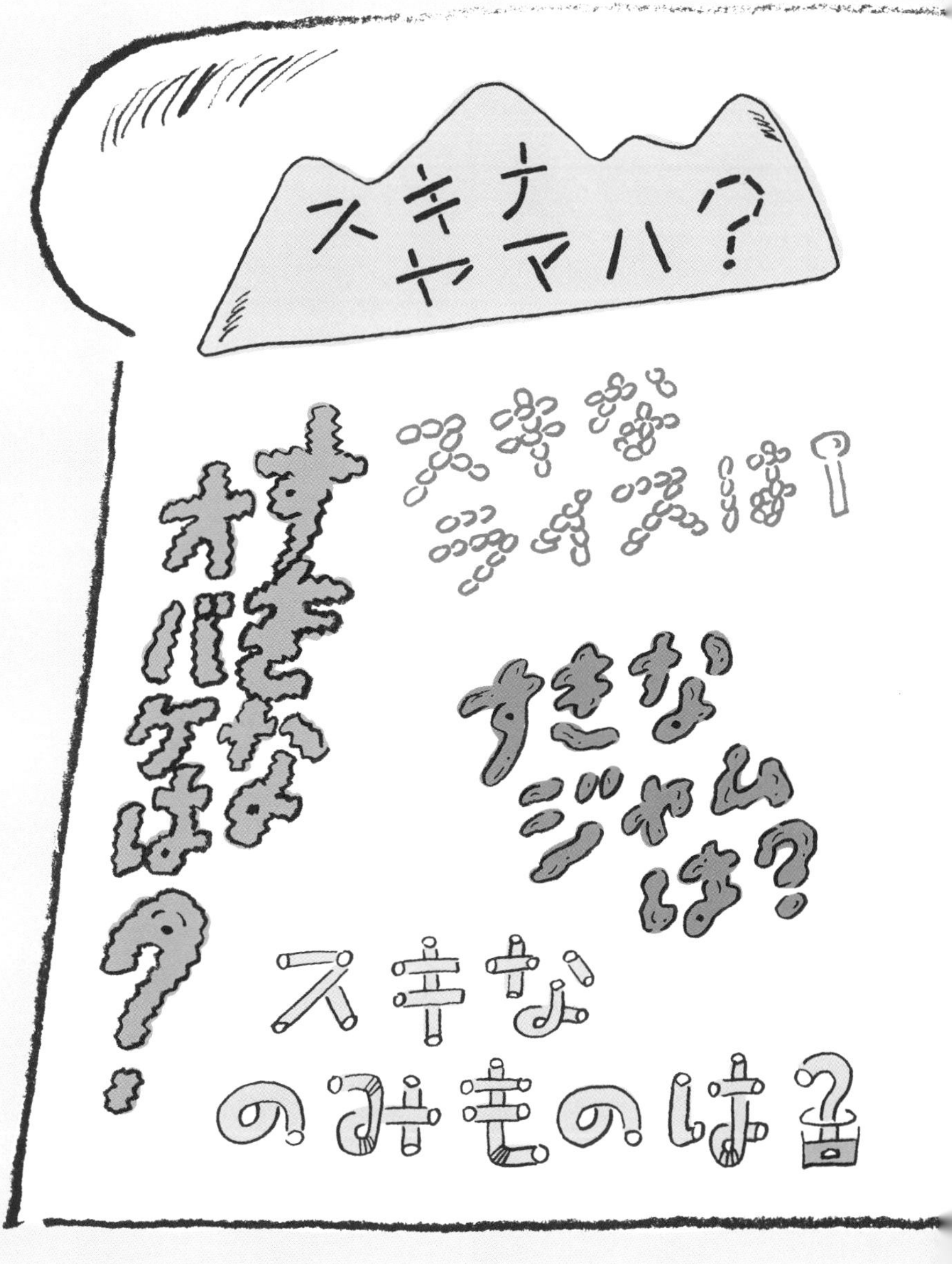

親子で読めるSTEP2 のおすすめ本は➜ P138

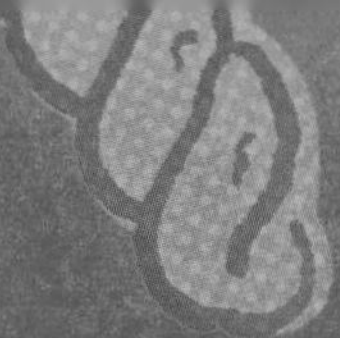

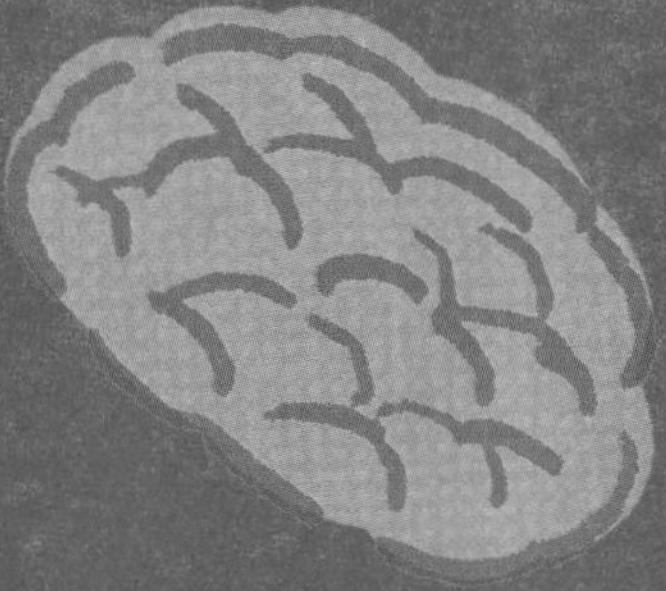

男性と女性だけでなく、
グラデーションのように分類される
「セクシュアリティ」。
固定化されたジェンダー観をなくし、
自分らしさを守るために知っておきたい。

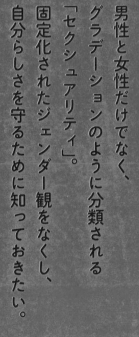

STEP3

セクシュアリティの多様性

メロンパンの自分らしさ

メロンパンの
見た目で
ブドウ味なんだ
いいだろう？

いいな〜

性は100人いたら100通り。大切なのは、からだの性や自認する性が一致しているか、していないかではなく、自分自身の心地よさ。

21　性のあり方はいろいろ

セクシュアリティという言葉を聞いたことがありますか。簡単に言うと、「その人が思う自分らしい性」です。それは大きく分けて４つの柱があります。

１つ目は、「からだの多様な性」。出生のときに割り当てられる性別で、出生届は女性・男性のいずれかに登録されますが、それぞれのからだはじつに多様です。２つ目は、自分の性を認識する「心の性」、性自認です。３つ目は、恋愛対象によって分けられる「好きになる・ならない性」、性的指向です。４つ目は、洋服や言葉遣い・態度などの「表現する性」です。この４つを合わせて受け止める性が、あなたのセクシュアリティです。

「自分は男性と感じるときもあるし、女性と感じるときもある。その日その日で違う」という人もいます。性は人によってさまざまであり、その人自身のなかでもずっと同じではなく、自分の性を認識するまでにジグザグした道をたどることもあります。

私たちはまず、セクシュアリティは、男性か女性かのどちらかだけではなく、じつに多様であることを知り、次の世代に知らせていくことも大切です。

人生を豊かにする近道は、「自分の感覚に正直でいること」と、時代が変わりはじめてきていますよね。この社会の変化は、多様な性のあり方を認める第一歩かもしれません。

焼き立てコラム

自分を考える4つの性

性のあり方は、大きく分けると4つの柱から考えられ、組み合わせはグラデーションのように無限にあります。人生のスタートをきったばかりの子どもたちは、これからさまざまな人と出会い、さまざまな経験を通して、自分の心地よい性を知っていくでしょう。

表現する性
（性表現）

服装や髪型、言葉遣いやしぐさなど、自分自身をどう表現するかの性。心の性やからだの性と同じ人もいれば、違う人もいる。

誰もがもつSOGI《ソジ》

SOGIは、性的指向と性自認を総称する用語。自分がどのような状態かを示すので、LGBTQ+の人も含むすべての人がもっています。

心の性（性自認）

自分自身が認識している性。自分を男性と思う人や、女性と思う人、男性でも女性でもないと思う人、変動している人などがいる。

好きになる性（性的指向）

恋愛などで好きになる性がどの性に向いているかを示す性。男性が好き、女性が好き、どちらも好き、どちらも好きにならない人などがいる。

からだの多様な性（個性的なからだの性）

生まれたときに割り当てられる性。性器で二分されることが多いが、見える違いだけでなく、染色体の組み合わせを含めて一人ひとりがじつに多様。

焼き立てコラム

LGBTQ+《プラス》とは？

LGBTQ+は、レズビアンの「L」、ゲイの「G」、バイセクシャルの「B」、トランスジェンダーの「T」、クィアやクエスチョニングの「Q」、その他さまざまなセクシュアリティを示す「+」、それぞれの頭文字を合わせたセクシュアルマイノリティを表す言葉です。

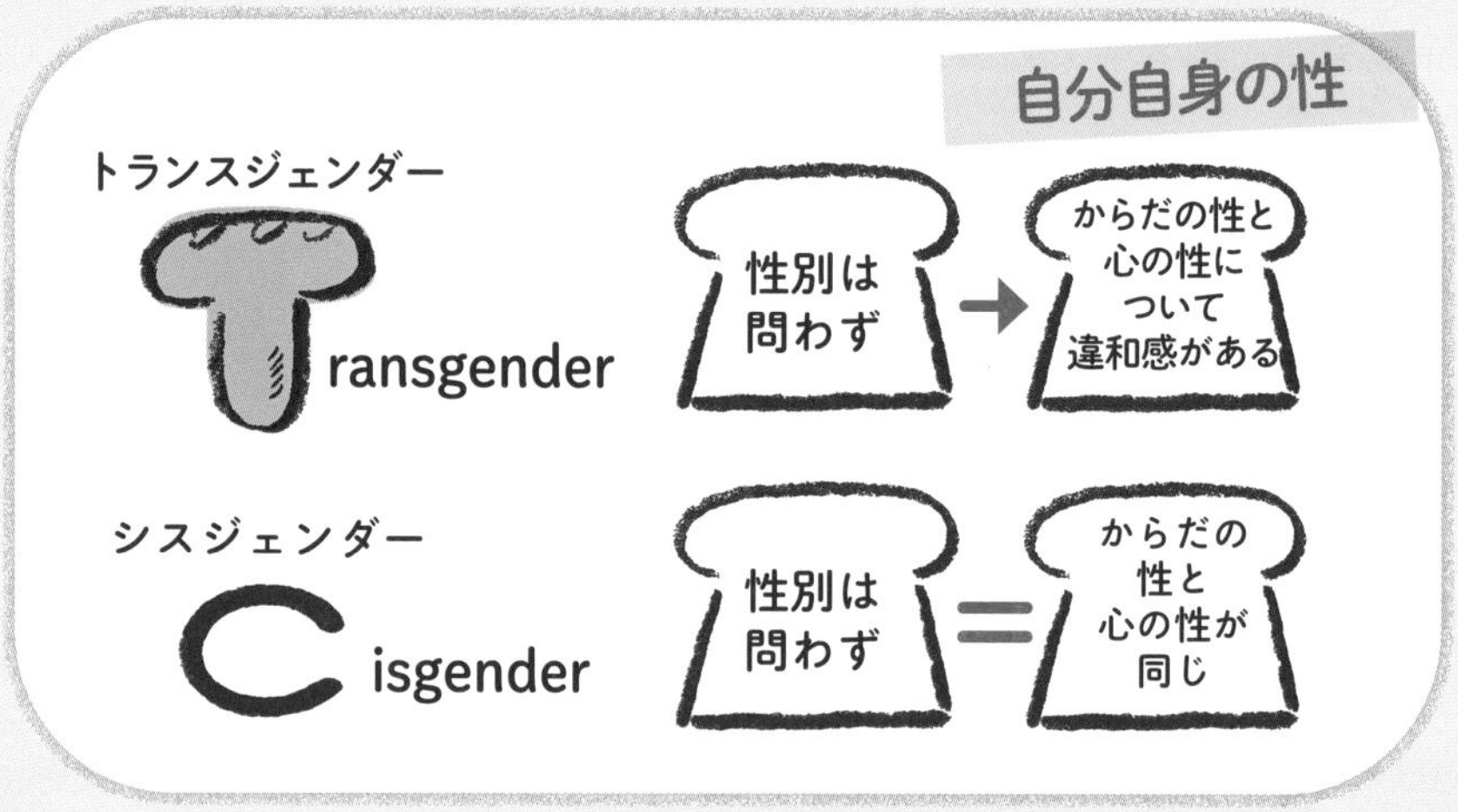
自分自身の性
トランスジェンダー
Transgender
性別は問わず
からだの性と心の性について違和感がある
シスジェンダー
Cisgender
性別は問わず
からだの性と心の性が同じ

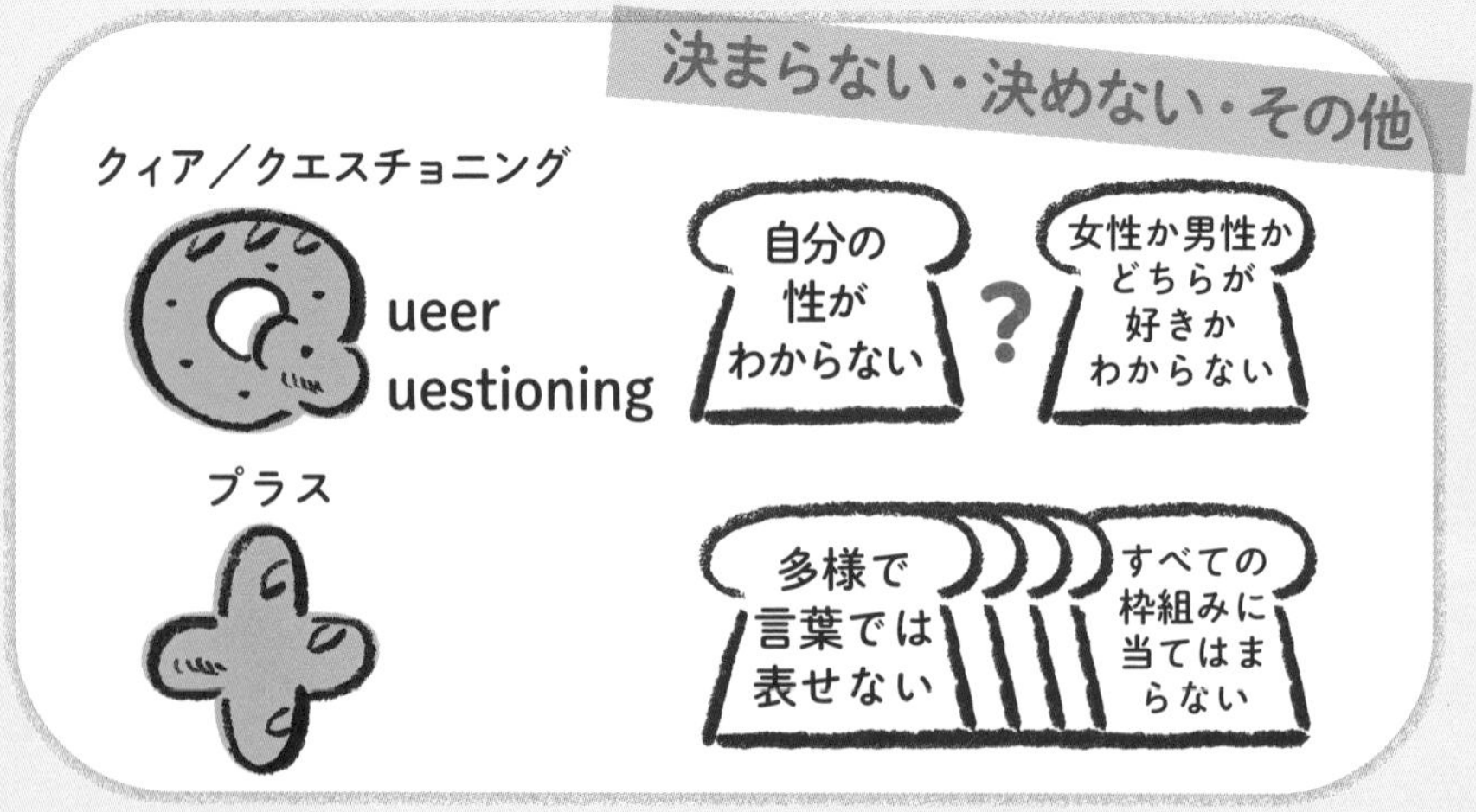
決まらない・決めない・その他
クィア／クエスチョニング
Queer
Questioning
自分の性がわからない
女性か男性かどちらが好きかわからない
プラス
多様で言葉では表せない
すべての枠組みに当てはまらない

LGBTQ+の人の割合は、世界人口の左利きの人と同じで、10%くらいです（LGBT意識行動調査2019年調べ）。

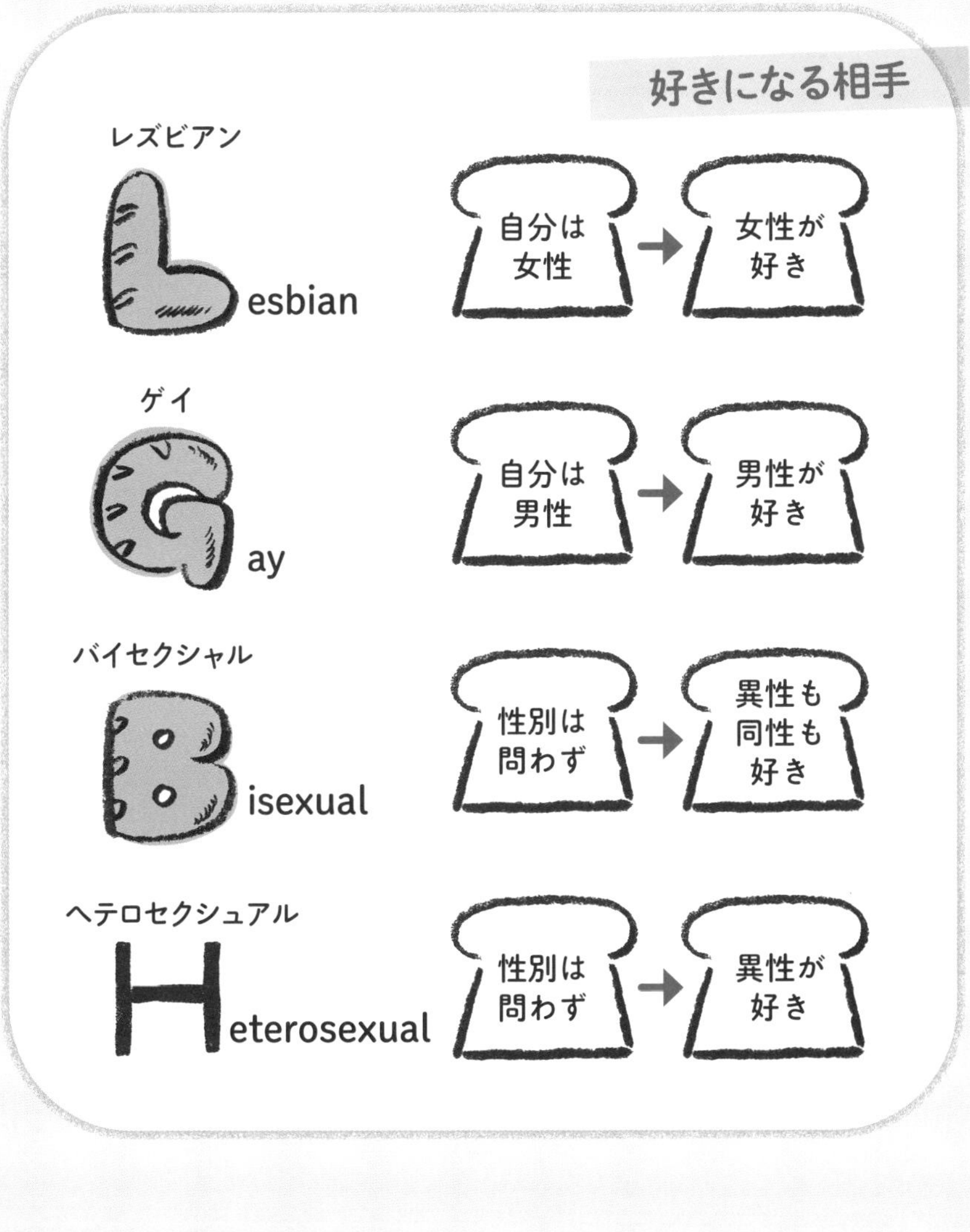
好きになる相手
レズビアン
Lesbian
自分は女性
女性が好き
ゲイ
Gay
自分は男性
男性が好き
バイセクシャル
Bisexual
性別は問わず
異性も同性も好き
ヘテロセクシュアル
Heterosexual
性別は問わず
異性が好き

自分で選ぶトーストパン

バターにする？
マーマレードにする？
今日はピーナッツバターの気分かな…！

子どもが自分にぴったりのものを選べるように、親は子どもに選択の自由を保障することが大切。

22 性別にかかわらずみんな平等

　性は多様ですが、もうひとつ「役割の性」という側面もあります。これは、社会や文化によってつくられた性です。「男らしさ」「女らしさ」というイメージで役割を与えられてつくられる性別で、「ジェンダー」と呼ばれます。

　ちなみに男らしさとは、「力強い」「活動的」「外で働く」というイメージで、女らしさとは、「やさしい」「従順」「家事・育児をこなす」などです。私たちは小さいころから、この社会的・文化的な「らしさ」のイメージのなかで生きてきました。

　そのため私たちは、「女の子はままごとが好き」「男の子はヒーローごっこが好き」などということを、なんとなくあたりまえだと思ってきました。

　でも、そんなあやふやなイメージで刷り込まれた「らしさ」で生きづらさを感じることがあるとしたら、ナンセンスだと思いませんか？

　幸い、社会的にも少しずつ「その人らしく生きることがハッピー！」に変わりつつあります。親は、古いジェンダー観を捨て、子どもの個性に合ったものを、子ども自身が選択できるようにすることが大切です。日頃から「今日はどの服を着たい？」などと、小さなことですが、できるだけ選択し判断する自由を子どもと一緒に考えてみませんか。

焼き立てコラム

自分らしいサンドイッチ

「自分らしさ」や、「自分の個性」を大切にしたいと思っても、自分でもよくわからないと感じている人も多いかもしれません。そんなときは、「ワクワクするものを選ぶ」ことから始めてみるのがおすすめです。ワクワクする、今食べたいサンドイッチの具材を選んでみましょう。

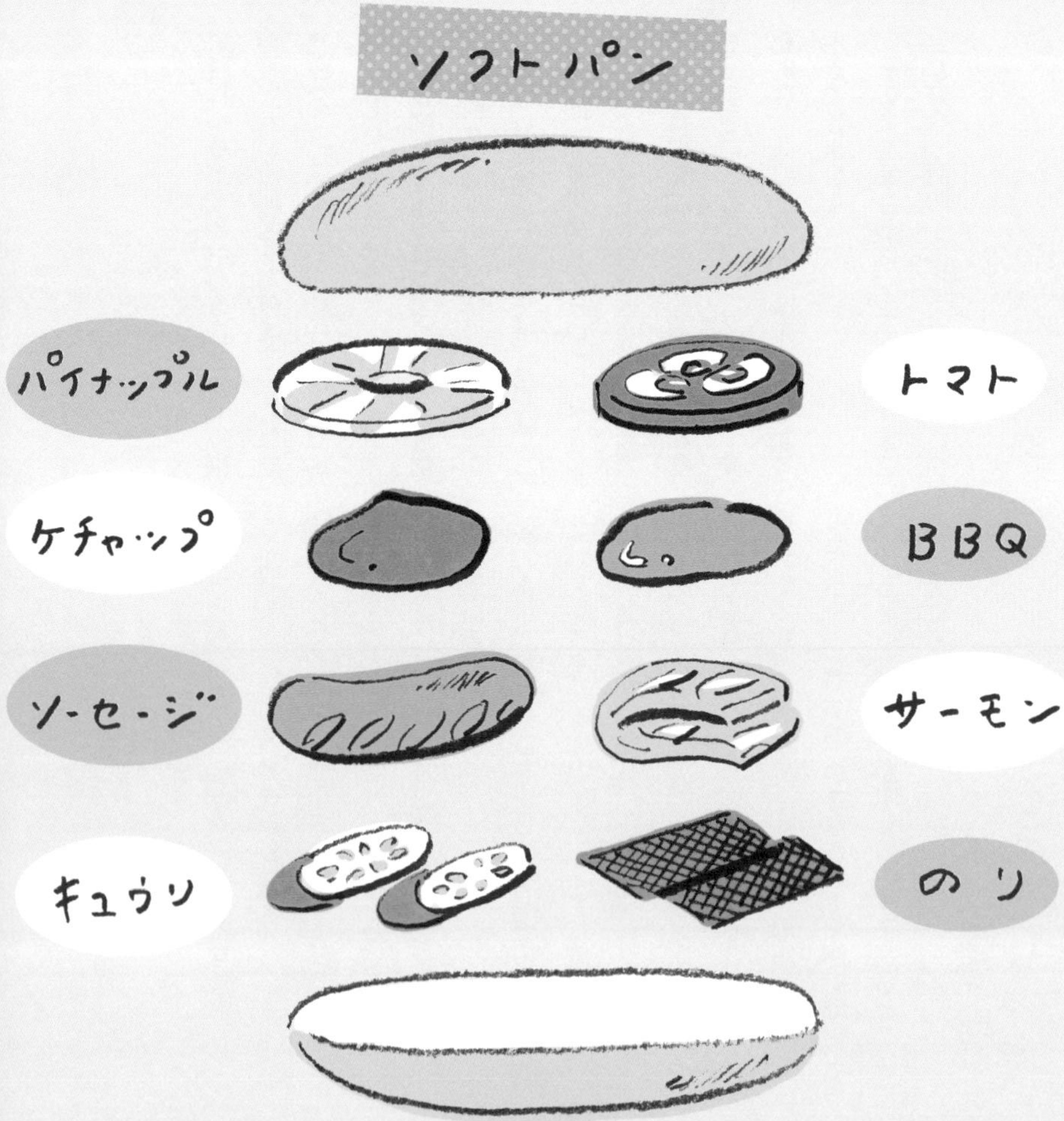

ソフトパン
パイナップル
トマト
ケチャップ
BBQ
ソーセージ
サーモン
キュウリ
のり

自分らしさがよくわからなくても、自分らしさを出せるときと出せないときがあっても、それもあなたらしさです。

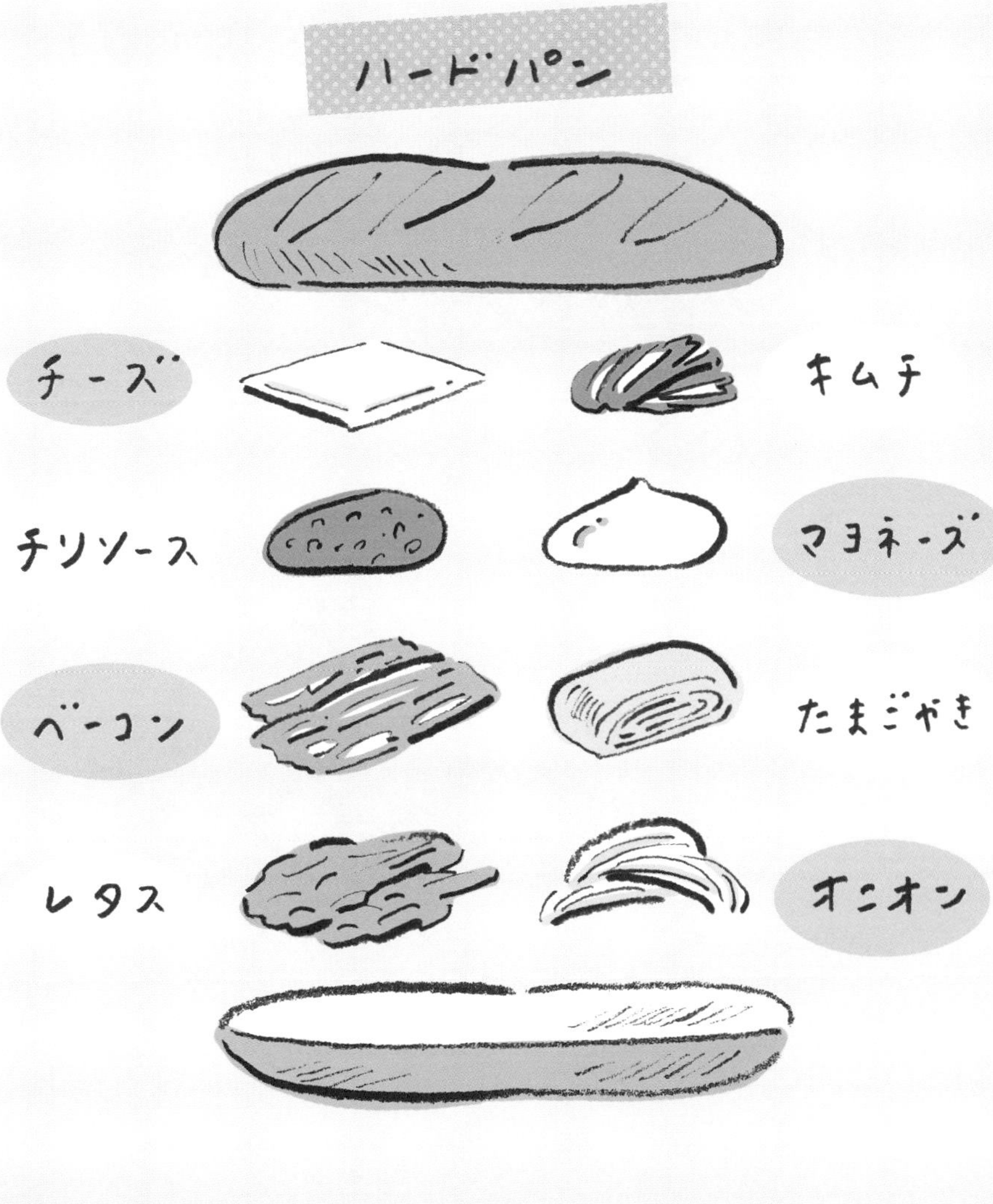
ハードパン
チーズ
キムチ
チリソース
マヨネーズ
ベーコン
たまごやき
レタス
オニオン

ねじりパンの新発見

今日はねじってないんだ

かおが広くなっていいね

ジェンダーのしばりをなくすには、親がふだんやらないことをやってみる。

23 ジェンダーに基づく暴力はつくられる

子どもにジェンダーが刷り込まれるのは、生まれたときからですが、とくに2歳半～6歳の幼児期です。からだの違いに気づき、言葉を使うようになることで、自分の考えや意見を主張しはじめる時期だからです。親がこのころから「らしく」あることを期待し求めると、子どもも自ら「らしく」ならなければとジェンダー意識を取り込みます。すると、子どもが本来もっている自分らしさを出せずに、すばらしい可能性を十分開花できなくなるということも考えられます。

それに、なにより子どもが「らしくなくては」と常にプレッシャーを感じ、「らしくできない」というコンプレックスを長い間ひきずることだってあります。ジェンダーにしばられすぎることは、心理的にも苦しいことなのです。

私たちおとなも同じです。まずは、性別役割分担をもっとアバウトにしてみたらどうでしょう。今日は代わりに料理をしてみるとか、子どもに絵本の読み聞かせをするとか、フットワークを軽くして、どちら側にでもなれる「ゆらぐことのできる力」をつけることです。

親がどちらの役割も抵抗なくできることは、生活をスムーズにするだけでなく、お互い自立している姿を子どもに見せるチャンスでもあります。それにやってみたら、今まで気づかなかった新しいヒント、楽しさがあるかもしれません。

焼き立てコラム

自由な発想はすごい発見

今ではすっかりおなじみのパンも、じつはいろいろな人たちの新しい自由な発想から生まれました。新しいチャレンジをしたからこそ得た発見です。もし子どもが、なにかにチャレンジしたいと言ったときには、私たちは全力で応援してあげることが必要です。

クリームパン

中村屋の創業者の、相馬愛蔵・黒光夫妻が、初めてシュークリームを食べたとき、そのおいしさに驚く。当時、乳製品を使ったクリームは栄養価の面でよいという考えもあり、早速パンの中にクリームを入れたら大好評となった。

あんぱん

当時はまだイーストが日本にはなく、日本のパンの食感はかたかった。そこで木村屋の安兵衛・英三郎親子が日本人の嗜好に合わせて酒種発酵種を開発し、初めてあんぱんをつくり上げ、たちまち大人気となった。

チーズむしパン

当時ヒットしていたミミまでやわらかい食パンと、チーズを使ったティラミスのブームからヒントを得て、山崎製パンがしっとりなめらかなむしパンを開発した。発売後、すぐに人気商品になった。

カパン

パン屋の亭主が、おいしくて便利でエコをコンセプトに、食べられるカバン形のパン「カパン」を発明！するかも？

ミルクフランス

食事用のパンであるフランスパン。タカキベーカリーがミルクフランスを発売した当初、フランスパンに甘いクリームをはさむことに賛否両論あったが、否定的な意見を飛び越え大ヒット商品となった。

自由に考える習慣は、この先待ち受ける困難を乗り越えるための「問題解決能力」にもつながります。

親子で読めるSTEP3 のおすすめ本は➜ P138

自分自身の育つ力や
人生のプロセスである「生と死」の話。
自分の人生も、自分以外の人生も、
大切にしていくために知っておきたい。

STEP4

生と死

レシピ本は存在価値

こうやって シナモン ふるんだね
ここで ロール するんだね
シナモンロールのつくり方

どうやって自分が始まったかを知ることは、子どもにとっては存在を認められること。

24 自分の始まりを知る

「赤ちゃんはどこからくるの？」

子どもにこんな質問をされたら、どうしますか？　性交について知りたいの!?　と思ってしまうのは、ちょっと早とちりです。子どもは、自分がなぜ誕生したのか、ルーツを知りたいだけなのです。

子どもが、赤ちゃんの誕生に興味津々なのはあたりまえです。それは、「なぜ、お空は青いの？」「どうして夜は暗いの？」と同じくらい、子どもにとっては自然な疑問なのです。

とはいえ、子どもに説明するのはなかなか難しいことですよね。言葉だけでは理解するのは難しいので、絵本などを使ってみてはどうでしょう。最近は、性の絵本がたくさん出版されています。子どもと一緒に図書館や書店で探してみてください。また、動物や植物など、いろいろな生殖について話してみるのもおすすめです。

子どもは、生殖について知りたいというよりも、まずは自分のルーツを知りたいと思うと同時に、親と自分とのつながりを確認したいという思いのほうが強いのです。受精の話をするときなど、「だから、あなたがいるんだよ」と話してあげましょう。そうすることで、子どもは存在を認められていると感じるでしょう。

焼き立てコラム

卵子と精子が出会うまで

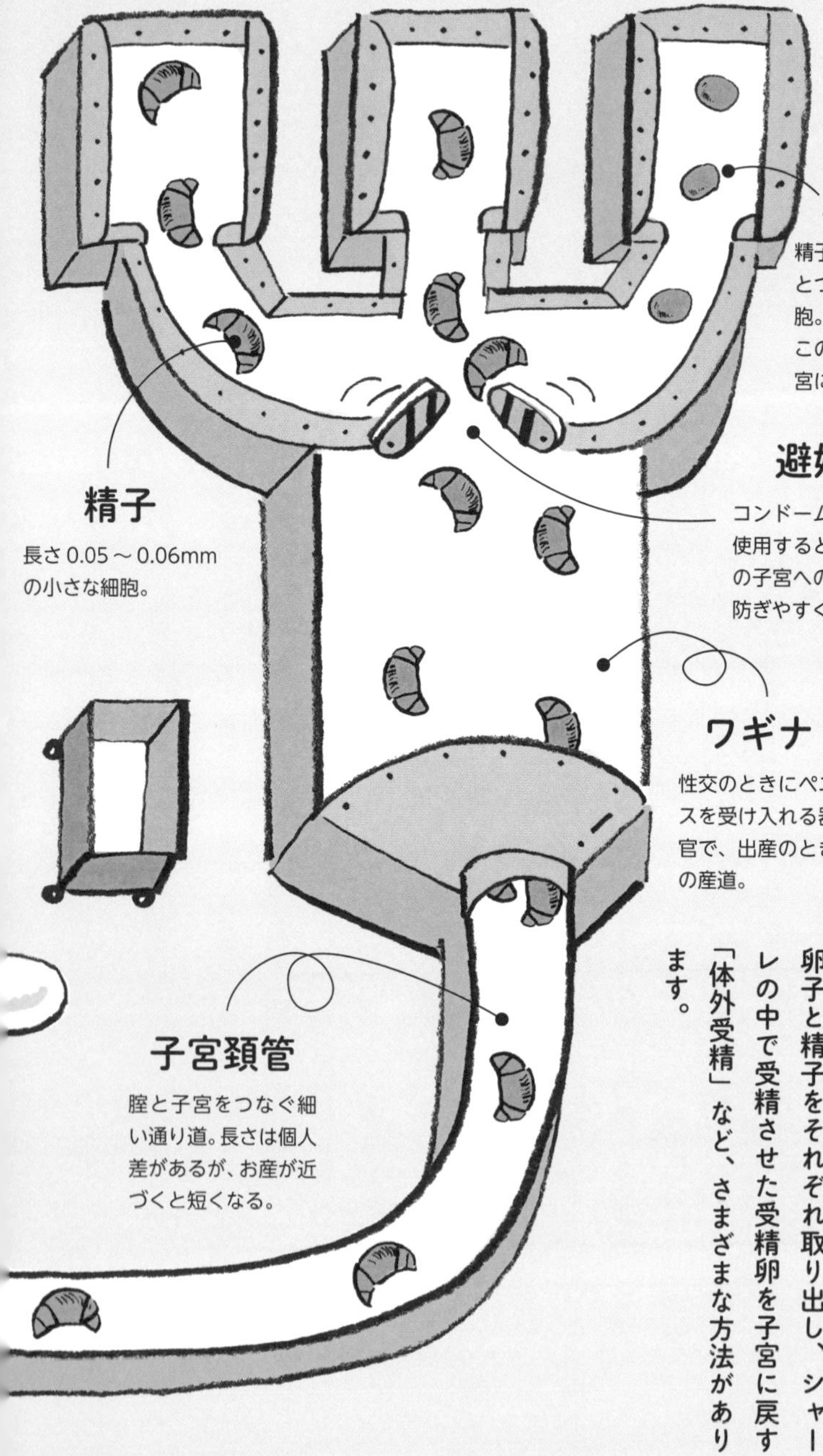
性交
人工授精
体外受精
受精卵
精子と卵子がひとつになった細胞。体外受精は、この受精卵を子宮に戻す。
避妊
コンドームなどを使用すると、精子の子宮への到達を防ぎやすくなる。
精子
長さ 0.05 ～ 0.06mm の小さな細胞。
ワギナ
性交のときにペニスを受け入れる器官で、出産のときの産道。
子宮頸管
膣と子宮をつなぐ細い通り道。長さは個人差があるが、お産が近づくと短くなる。

生命の誕生に必要なのは、多くの場合、たったひとつの卵子と、たったひとつの精子の出会いです。でも、始まり方は「性交」だけでなく、取り出した精子を細いチューブで子宮に届ける「人工授精」や、シャーレの中で卵子と精子をそれぞれ取り出し、受精させた受精卵を子宮に戻す「体外受精」など、さまざまな方法があります。

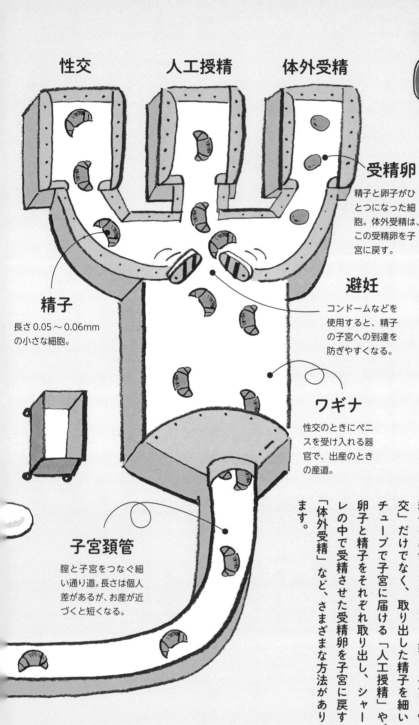

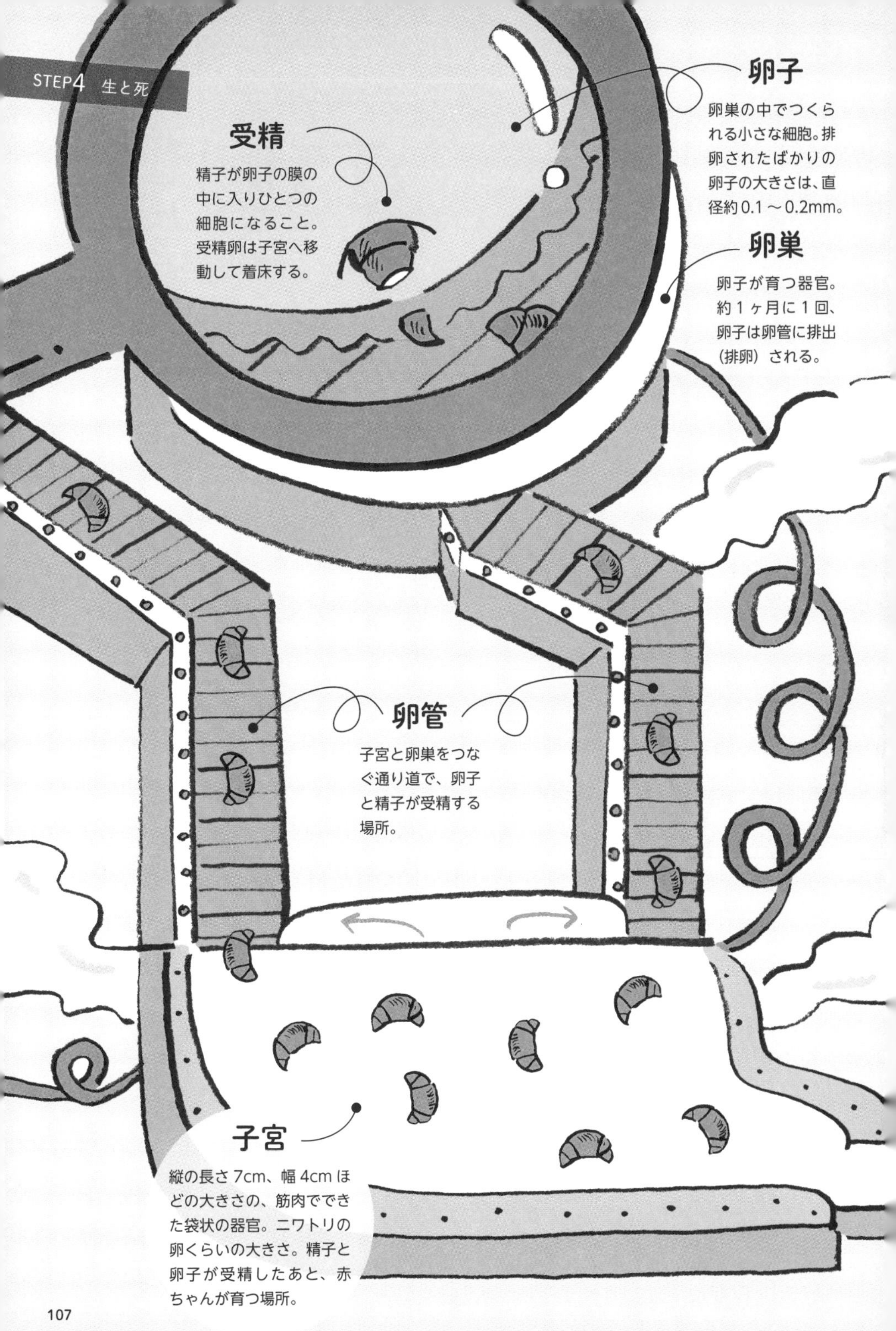
受精
精子が卵子の膜の中に入りひとつの細胞になること。受精卵は子宮へ移動して着床する。
卵子
卵巣の中でつくられる小さな細胞。排卵されたばかりの卵子の大きさは、直径約0.1～0.2mm。
卵巣
卵子が育つ器官。約１ヶ月に１回、卵子は卵管に排出（排卵）される。
卵管
子宮と卵巣をつなぐ通り道で、卵子と精子が受精する場所。
子宮
縦の長さ7cm、幅4cmほどの大きさの、筋肉でできた袋状の器官。ニワトリの卵くらいの大きさ。精子と卵子が受精したあと、赤ちゃんが育つ場所。

もともともってるすごい力

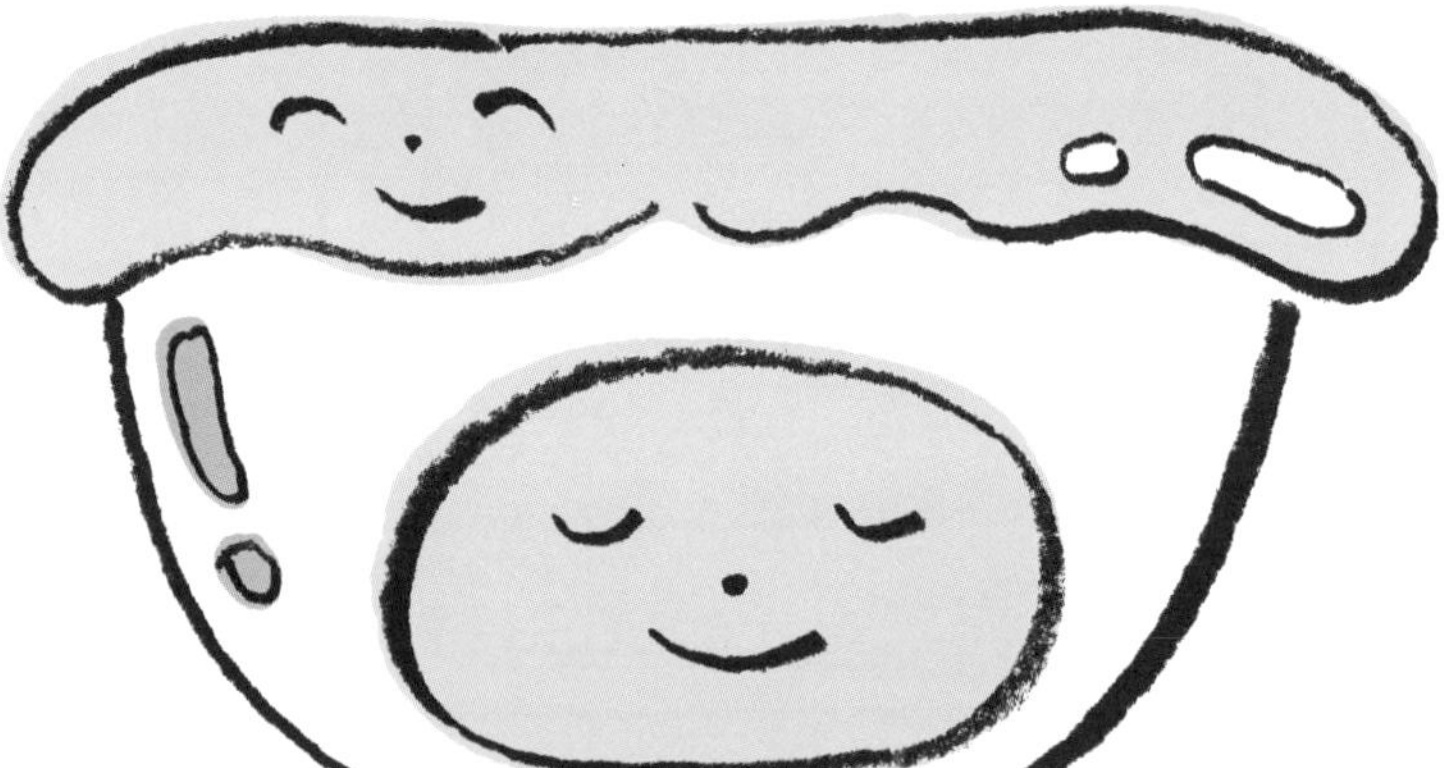

〜 発酵は大事な時間 〜

お腹にいたときから、子どもは
みんな生き抜く力をもっている。
その力を守れるのは親の私たち。

25 自分の誕生と成長を知る

子どもが自分の始まりを理解したら、妊娠から出産の話もしてあげましょう。赤ちゃんが、お母さんのお腹（子宮）の中で、どのように大きくなって生まれてくるかです。

「赤ちゃんが子宮の中で、羊水を飲んだり指しゃぶりをしたりするのは、母乳やミルクを飲む練習をしているんだね」と、赤ちゃんにも生きるための力が備わっていることを伝えたいです。もちろん、妊娠中のお母さんは、赤ちゃんを守るために、日々心を砕いていることも話してあげてください。

赤ちゃんは、38~40週くらいになると、お母さんに出産の合図を送り、陣痛が始まります。子宮はちぢみ、赤ちゃんをおし出そうとし、赤ちゃんもからだを回転させながら子宮の入り口をおしひらき、ワギナを通って生まれます。まさに出産は、お母さんと赤ちゃんの共同作業です。また、自然分娩以外に帝王切開もあります。どんな方法であっても、赤ちゃんが無事に生まれてくれたときの喜びは同じです。

「あなたが生まれて、ほっとしたよ。うれしかった！」「あなたも頑張ったね。すごいよ！　生まれてきてくれてありがとう」と、素直な喜びの気持ちと感謝を伝えましょう。それは、子どもの生きる力の後おしになるのです。

焼き立てコラム

すくすく大事に成長中

卵子と精子が受精すると、24時間以内にひとつの細胞が2つ、4つ、8つと分割し、子宮の中に着床します。約10ヶ月間（1ヶ月を28日と数えて280日間）、赤ちゃんはあたたかい安全な場所で、毎日少しずつ成長しています。

栄養と新鮮な空気が届く（胎盤とへその緒の役割）。
揺れたりぶつかったりしても安全なつくり（羊水のクッションの役割）。

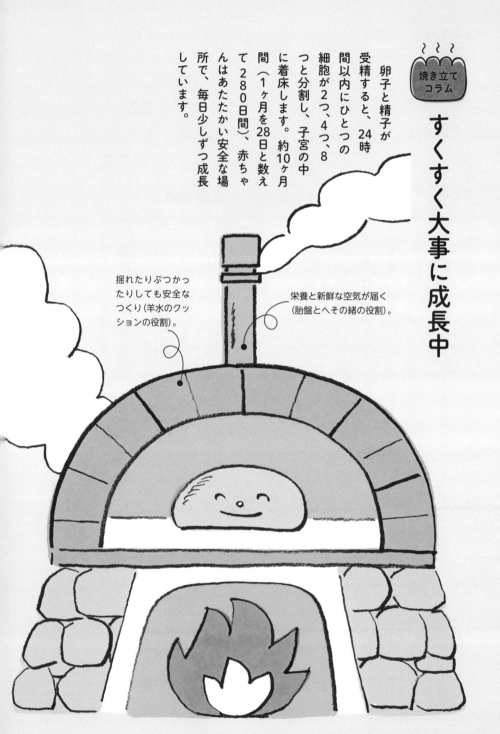

受精後（24日ごろ）、最初につくられるのは腸。腸→口・肛門→胃→脊髄→脳という順番で人体のもととなる大切な器官がつくられます。

15週ごろ

重さは約100g。背骨ができて、頭、顔、手足がわかるようになる。外性器が男女のどちらかに発達し始める。

20週ごろ

重さは約150g。髪の毛が生え始め、腎臓と膀胱ができる。

超音波検査で赤ちゃんの心臓の動き（心拍）がわかるようになるのは、受精から4週ごろです。

30週ごろ

重さは約1000～1500g。まばたきをするようになり、味覚や嗅覚も発達する。

40週ごろ

重さは約3000g。心臓、胃、肺などからだの中の器官がしっかり働く。回転して頭を下にし、生まれる準備に入る。

焼きそばパンの2つの事実

消費期限きたね
うどんはさんでたことあったね

「死」という出来事をごまかさず事実を伝えること、思い出というなくならないものも知ることで、本当に死を考えることができる。

26 人はいつか死を迎える

「死ぬってどういうこと？」「人が死んだら、どうなるの？」など、子どもが「死」に興味をもち、そう聞いてくるときがあるでしょう。

幼い子どものなかには、「死んでも生き返る」「眠っているだけ」と思っている子もいるようです。核家族化が進み、祖父母が家で亡くなるというような、身近な人の死を見ることがほとんどなくなったからでしょう。「死」を体験することがあるとすれば、飼っていたペットが死んでしまったときぐらいかもしれません。

また、死んだあとのことは誰にもわかりません。死後の話は、国や文化、宗教によってまちまちです。だから「死」とは、からだのすべての機能が停止し、腐敗していくということ、二度と生き返ることはないという科学的な事実を伝えましょう。

からだはだんだんと成長し、年をとり、いつか死を迎えます。身近に死を体験したときは、おとなも子どもも、悲しみをこらえすぎず、ため込みすぎず、思いっきり泣いていいのです。ときに涙は、悲しみにかたまった心をときほぐしてくれます。亡くなった人は戻ってきませんが、その人との思い出が心に残るのも事実です。思い出を大切に生活することで、少しずつ、悲しみから癒され、立ち直っていくのではないでしょうか。

二度と生き返ることがないものだからこそ、自分の生きている「からだ」も、ほかの人の生きている「からだ」も、大切にしようと伝えていきたいです。

焼き立てコラム

身近な死の伝え方

じつは日常生活のなかで子どもに「死」を伝えるチャンスはたくさんあります。からだはひとつしかないことや、生きているからこそ今できることなどを、親子で話し合ってみましょう。

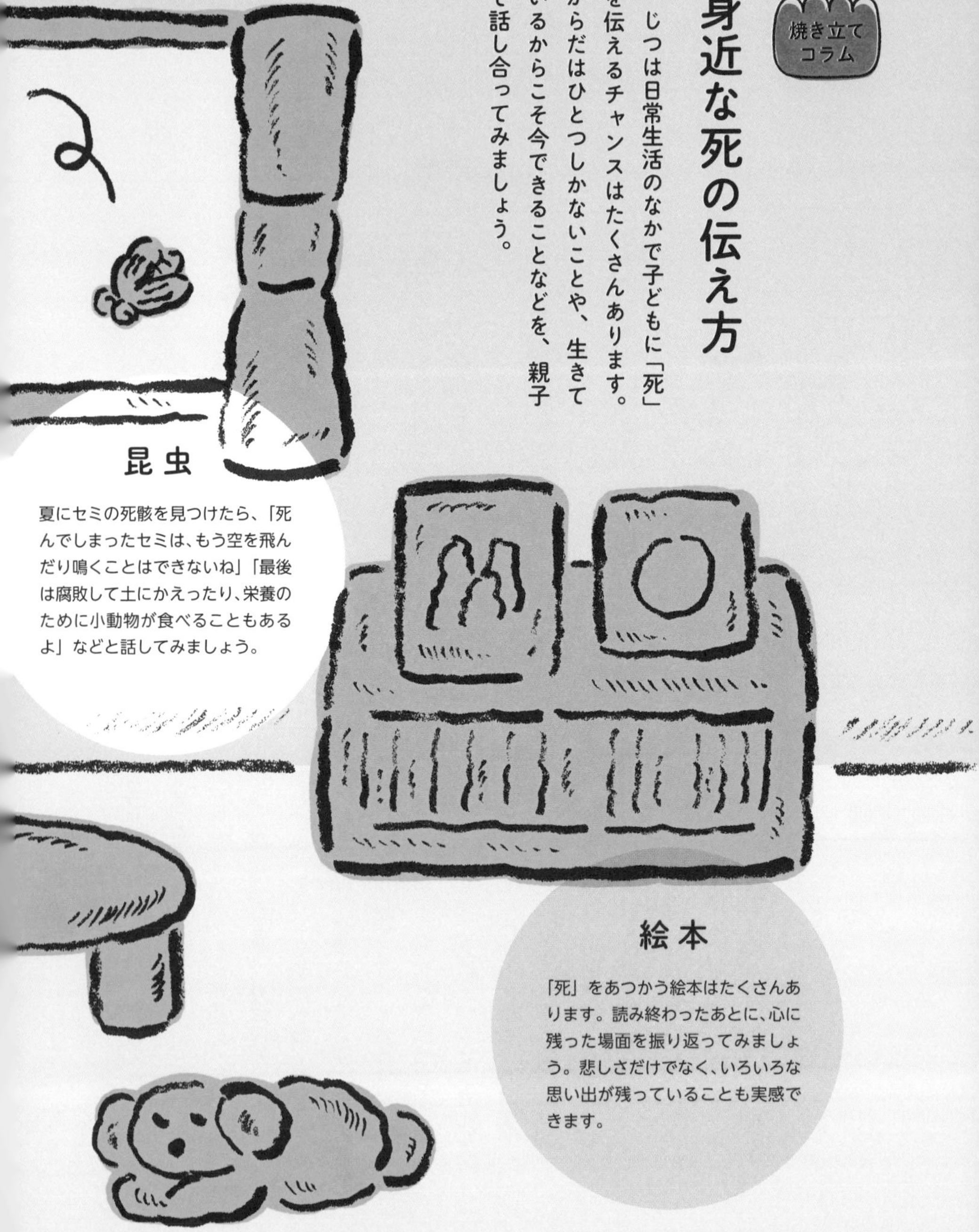

昆虫

夏にセミの死骸を見つけたら、「死んでしまったセミは、もう空を飛んだり鳴くことはできないね」「最後は腐敗して土にかえったり、栄養のために小動物が食べることもあるよ」などと話してみましょう。

絵本

「死」をあつかう絵本はたくさんあります。読み終わったあとに、心に残った場面を振り返ってみましょう。悲しさだけでなく、いろいろな思い出が残っていることも実感できます。

テレビ

なにげなくつけているテレビからも「死亡」という言葉はよく出てきます。病気や事故などで人生を終える人もいれば、長生きする人もいます。死はいつ訪れるかわからないからこそ、今を大切にしようと伝えましょう。

ペット

もし家にペットがいたら、「心臓の音がトクトク聞こえるね」と、生きる力がどこにあるかを一緒に考えてみましょう。生きる力は人間だけでなく動物にもあり、からだの中にあることを確認できます。

親子で読めるSTEP4 のおすすめ本は➡ P139

生活に欠かせないメディアや
インターネットなどの「情報」。
自分を守る力を身につけながら、
安心して利用するために知っておきたい。

STEP5

情報のなかの性

フレンチトーストの自然体験

いずれ必要になるインターネットよりも、今しかできない自然体験で、チャレンジ精神を身につける。

27 ネットは便利と危険がとなり合わせ

インターネットはとても便利。欲しい情報が素早く手に入り、遠距離の友だちとも簡単につながることができます。しかし、そんな「便利」「簡単」は「危険」もはらんでいます。

ネットに流れてしまった情報は、完全に消すことはできません。間違った情報も、一気に拡散してしまいます。子どもが不注意でショッキングな画像にアクセスしてしまい、傷つくことがあるかもしれません。インターネットを使うときには、危険があることを知らせながら、一日の利用時間も決めて使わせましょう。もし不快な画像が出てきたら、すぐに知らせてほしいと伝えておきましょう。

成長するにしたがい、ネットはどうしても必要になってくるので、子どもには、今しかできない実体験をできるだけたくさんしてほしいものです。虫を捕まえたり、砂遊びをしたり、友だちと思いっきり走り回り、泥だらけになって遊んだり。生身の体験は、本能的な生きる力と知恵を育てます。

休みの日は、親子でデジタル機器にふれない時間をつくり、自然のなかで過ごしてみてはどうでしょう。キャンプや海水浴もよいですが、庭など身近なところでもOKです。一緒に花のつぼみを見つけたり、どんぐりを拾ったり、鳥の様子や夕焼け、月や星を眺めるだけでもすてきな自然体験です。親も五感をフルに使えば、からだも脳も、気持ちだってリフレッシュすると思います。

焼き立てコラム

手軽に楽しく自然体験

わざわざ遠くに出かけなくても、家のベランダや庭、園から家までの帰り道や、買い物へ行く途中にある公園など、身近なところで思い立ったときにすぐにできる自然体験がたくさんあります。今しかできない実体験を、親子で楽しんでみましょう。

雲の形がなにに見えるか
話し合ってみよう

自分の手と
同じ大きさの葉っぱを
見つけてみよう

好きな色の花を
3色見つけてみよう

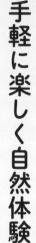

子どもは、毎日メールやSNSのチェックで忙しい親をよく見ています。親が自然体験を通してリラックスしていると、子どももリラックスして親に甘えることができるのです。

おもしろい形の石に絵を描いてみよう
アリが巣まで帰るのを追いかけてみよう
大きい葉っぱに穴を空けてお面にしてみよう
お互いの影を追いかけてみよう

ウィンナーロールの情報の見方

情報をそのまま受け取らず、考えるきっかけをつくって自分にとって必要な情報にする。

28 情報を正しく受け取る

メディアには、いろいろなものがあり、よくも悪くも情報を得ようと思えば簡単に手に入る時代です。むしろ多すぎる情報におぼれてしまっているといってもいいかもしれません。

情報のなかには、本当の情報も誤った情報も、どちらかわからない情報もたくさんあり、おとなの私たちでも見極めることがなかなか難しい場合もあります。そこで、情報を受け取る側の私たちは、常に自分で考える習慣を身につけておくことが大切です。

子どもとニュースを見ながら、「どうしてこんなことが起こったんだろうね?」「どうしたらよかったのかな」と親子で話し合ってみましょう。メディア情報をそのまま取り込むのではなく、子どもが考えられるようにきっかけをつくったり、ほかのメディアにも目を向けたりすることも必要です。こうして判断力、直感力、自分を守る力が磨かれます。

日常生活でも、一方的な善悪や一面的な理解ではなく、子どもが多面的なものの見方ができるように働きかけたいものです。たとえば、絵本や映画やドラマなどを一緒に観たとき、「なぜあの主人公は、そう思ったのかな?」「なぜあんなことをしたのかな?」と、話し合ってみるのもよいでしょう。

あふれる情報のなかから、自分に本当に必要で公正な情報を見極めるためには、情報を受け取る側の力を培っておくことが必要です。

焼き立てコラム

ネットの基本ルール

メールや、買い物や、動画鑑賞など、インターネットは私たちの生活に欠かせません。子どもたちが安全に使えるように、まずは親が最初の基本ルールをおさえておきましょう。子どもがインターネットを使い始めたら、必ず伝えるようにしましょう。

1 個人情報を流さない

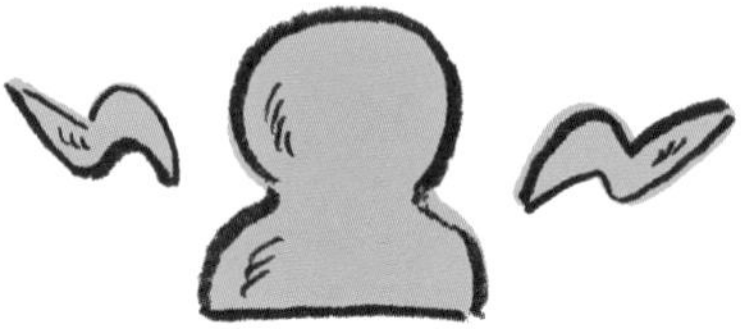

自分の名前や住んでいる住所など、自分を特定できる情報を知らせてはいけない。

2 人の悪口、嫌がることを発信しない

ネット上では姿が見えない分、言葉が大きな凶器になってしまうこともある。

3 なにかへん!? と感じたら、すぐに相談

写真を送ってほしいと投げかけられたり、不正なサイトにアクセスしてしまったと思ったときは、すぐに相談する。

流れる情報にプラスする

事故や事件、災害、戦争や感染症のニュースなど、テレビをつけているとあたりまえのように毎日流れてくる情報。親からしたらいつもの光景かもしれませんが、子どもたちは知らず知らずに不安を感じているかもしれません。子どもが安心して情報を受け取ることができるように、ニュースを流し続けることを避けたり、過剰に怖がらないよう補足をしてあげましょう。

「怖いね」など、素直な子どもの気持ちをまずは受け止めよう。

交通ルールを再確認して、正しく守れていることを褒めてあげよう。

会いにいけない親族や友だちに、手紙を書いてつながりを維持しよう。

親子で読めるSTEP5 のおすすめ本は➡ P139

「からだ」「人間関係」
「セクシュアリティ」「生と死」「情報」……
人生のあらゆる場面で
賢明な選択をするために知っておきたい。

STEP6

人権としての性

ピザパンのバナナをのせる権利

子どもが「自分に権利がある」と実感できるために、親はどんなときでも子どもを尊重する気持ちをもつ。

29 すべての人に人権がある

　年齢に関係なく、子どもにもおとなと同じように人権があります。それは人間として、幸せに生きるためにとても大切な権利なのです。子どもはおとなの所有物ではなく、ひとりの人間として尊重される存在です。でも、子どもは「小さいおとな」ではありません。「子ども期」という独自の人生の時期を生きている存在なのです。

　子ども期では、試行錯誤をくり返し、悩んだり傷ついたり、喜んだりを経験しながら心もからだも成長していきます。当然、多くの失敗もするでしょう。おとなから見ると、むちゃくちゃなことや、理不尽なことをするかもしれません。もちろん、わがままになんでもかんでも好き勝手にやっていいということではありません。ただ、ちょっと大目にみることも必要かもしれません。この子ども期を健やかに過ごすことで、子どもは健全に成長し、確実に成熟していくのです。

　精神的にも肉体的にも発達し、変化の波が大きいこの時期は、おとなによる支えが必要です。大切な子ども期を過ごす子どものために、おとなは子どもが安心して暮らせる環境を整えましょう。知らず知らずに子どもがもっている権利が損なわれていないか、考えてみることが必要かもしれません。

　子どもが、親にひとりの人間として尊重されていると思うことが、子どもが自分の権利を実感する瞬間です。

焼き立てコラム

子どもがもってる3つの権利

子どもがもつ「人権」は、大きく分けると3つの要素があります。おとなも子どもも共通してもっている「人間として尊重される権利」、遊んだり勉強ができるなどの「子ども期が大切にされる権利」、そして子どもからおとなになっていく存在だから必要な「発達・成長を保障される権利」です。

子どもの権利

園や学校で友だちと遊んだり、勉強をしたり、ときには休息をとったり、子どもが元気に健康に安全に育つために守られるべき、子どものための権利。

人間の権利

ご飯を食べたり、眠ったり、自由に意見が言えるなど、誰もがひとりの人間として、人間らしく生きるための権利。年齢にかかわらず世界中の全員が生まれたときから平等にもっていて、ふみにじられることは許されない。

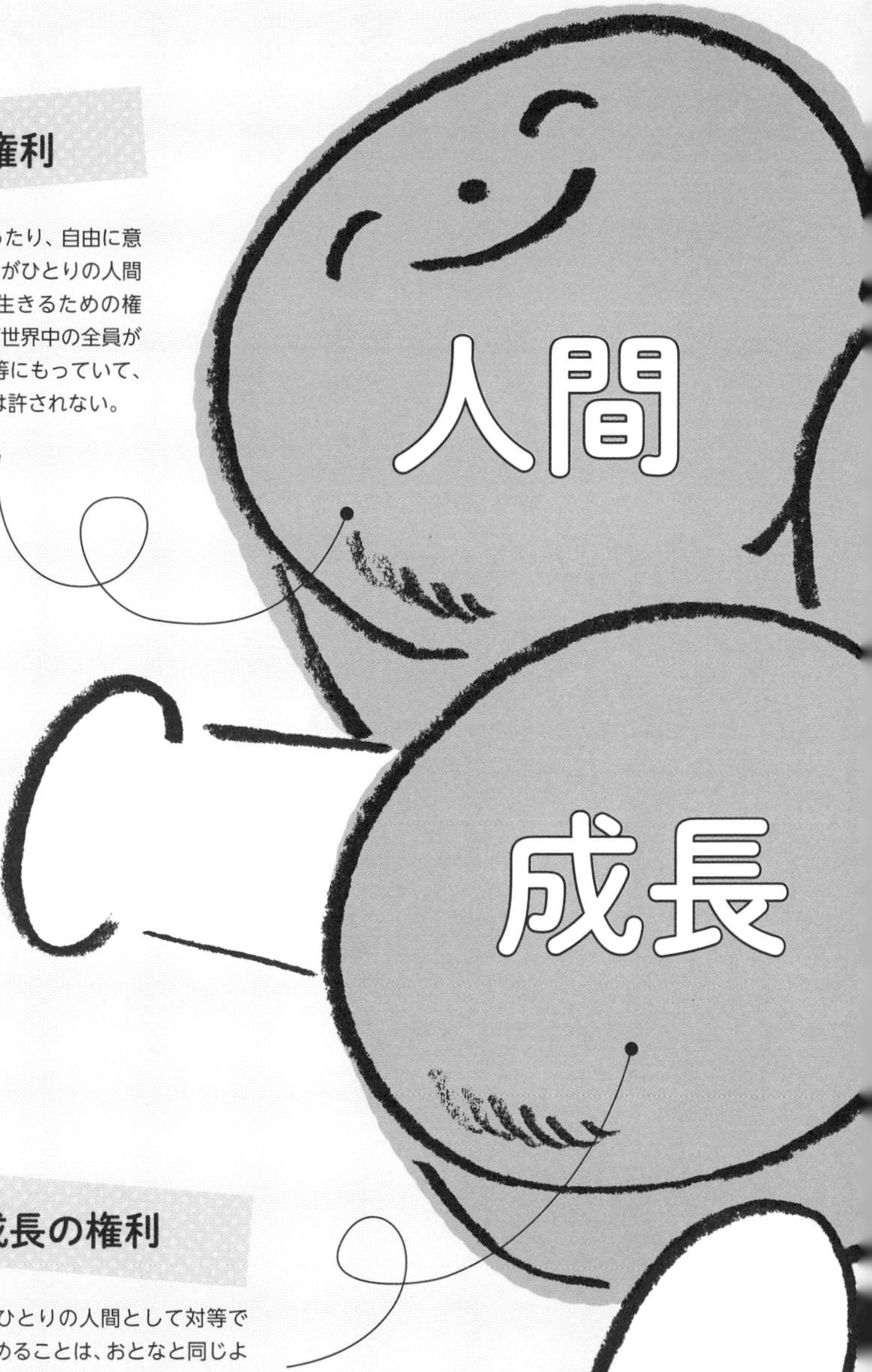

成長の権利

子どもをひとりの人間として対等であると認めることは、おとなと同じようにいろいろなことができてあたりまえ！ということとは違う。まさにこれからおとなになろうとしている存在であることを認め、必要なサポートやアドバイスを受けられる権利。

土台を築くクロワッサン

「包括的性教育」は、子どもがこれから生きていくために必要な土台で、親からのプレゼント。

30 人生を選択するために知る権利がある

乳幼児期から、「性教育」は必要なのだろうか？　これは、ほとんどの人が思ったかもしれません。でも性は幅広く、人間の成長と直接結びつくテーマです。また、人と人が結ばれ、愛し合い、幸せな人生を送るために、性を知ることはとても大切なことです。

人とのつながりや信頼関係を築くための基本は、相手を尊重し、大切にするという、とてもシンプルなことです。それは、子どもが成長とともに日常のなかで培っていく思いやりや共感、コミュニケーション能力、マナーなどとしっかりつながっているのです。つまり性教育は、乳幼児期からでも必要なのです。

親世代は、きちんとした性教育を受けてこなかったため、性をタブー視してしまう傾向があります。でも「包括的性教育」は、からだの発達や生殖のしくみだけでなく、人間関係や性の多様性、一人ひとりの幸せなどのテーマを含んだ教育なのです。だから親も子どもとともに改めて、性を学んでみてはどうでしょう。

子どもはあっという間に成長していきます。今できる包括的性教育は、やがておとなになる子どもの糧となるでしょう。親がちょっと意識を変えるだけで、子どもの生きる力はぐんと強くなったりするものです。

焼き立てコラム

子どもを守る！ 親の安心・安全チェック

「不安なことがあったら信頼できるおとなに相談しましょう」と、よく子ども向けの本に出てきます。「信頼できるおとな」とは、みなさんどんなおとなを想像しますか？ 大切な子ども期をともに過ごす私たちに必要なのは、どんなときでも常に子どもを尊重する気持ちをもっていることです。子どもから信頼されるおとなになるために、日常生活のなかでどんなことを意識していればいいか、チェックしてみましょう。

- どんな質問にも、時間をかけながらも誠実に答える
- わからないことは一緒に考える
- 笑顔を忘れず、コミュニケーションを楽しめる
- 新しいことにチャレンジする姿勢をもっている
- いろいろな意見に耳を傾け、意見が違っても否定しない
- ルールや決まりごとでしばらず、その大切さを説明する
- 相手の立場になって考え、同意を大切にする
- 遊んだり、本を読んだり、一緒に楽しめる
- 子どものパーソナルスペースを守る
- 子どもへリスペクトの気持ちをもっている

焼き立てコラム

ロールパンの「人性」

「性」は、生まれた瞬間から自分に深く関わり続けます。「人生」は「人性」ともいえるのです。からだの変化が起こり始める思春期や、結婚をする・しない、子どもをもつ・もたないなどの選択が求められるおとなになってからだけではありません。幼いころから、自分で自分のことをどう考えるか、どう思われたいか、またどんな服を着て、家族や友だちとどう関わるか、誰といると心地よいかなど、日々の生活に関わっています。

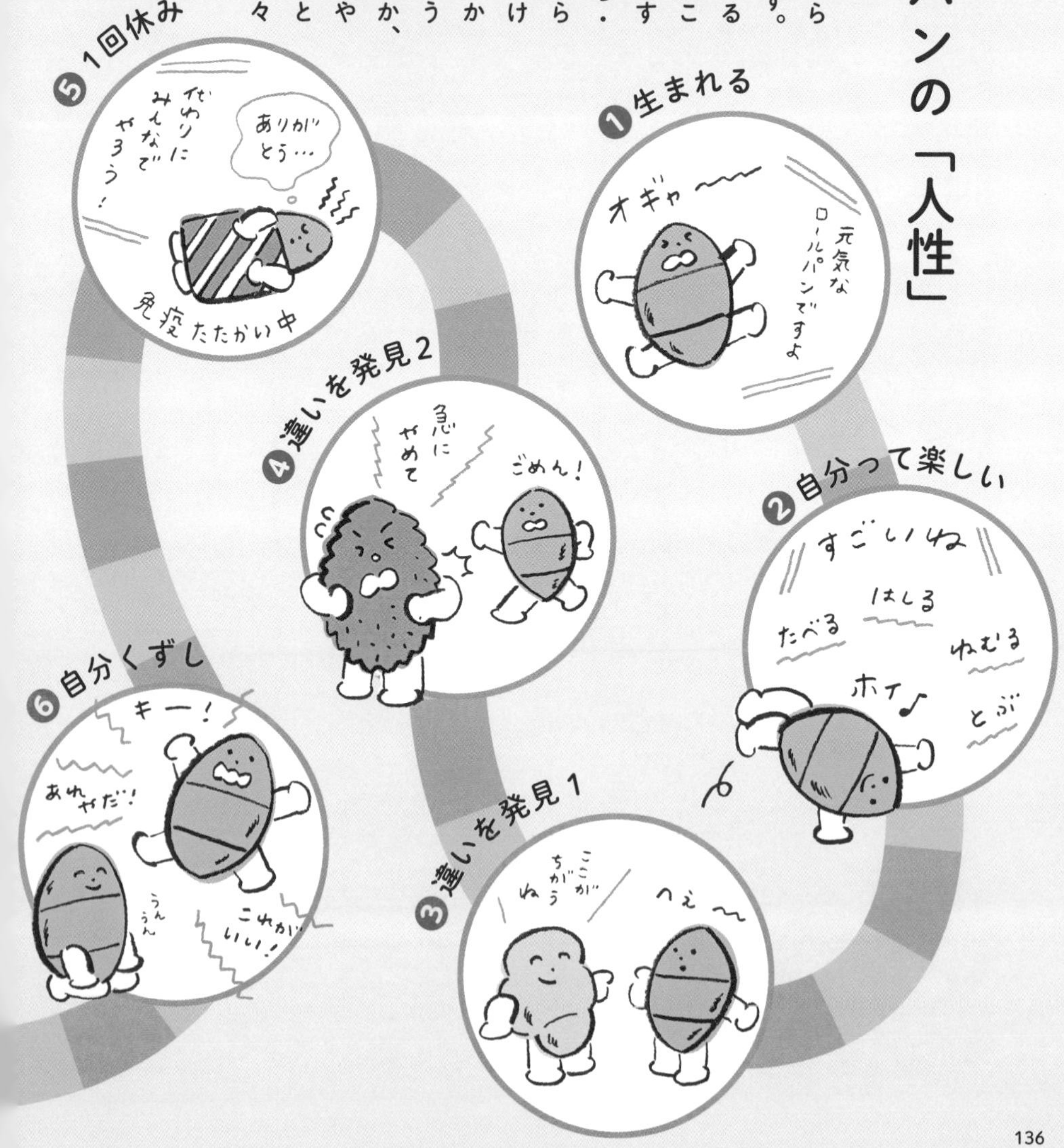

1 生まれる
オギャ〜
元気なロールパンですよ
2 自分って楽しい
すごいね
はしる
たべる
ねむる
ホイ♪
とぶ
3 違いを発見1
ここがちがうね
へぇ〜
4 違いを発見2
急にやめて
ごめん!
5 1回休み
ありがとう…
代わりにみんなでやろう!
免疫たたかい中
6 自分くずし
キー!
あれやだ!
うんうん
これがいい!

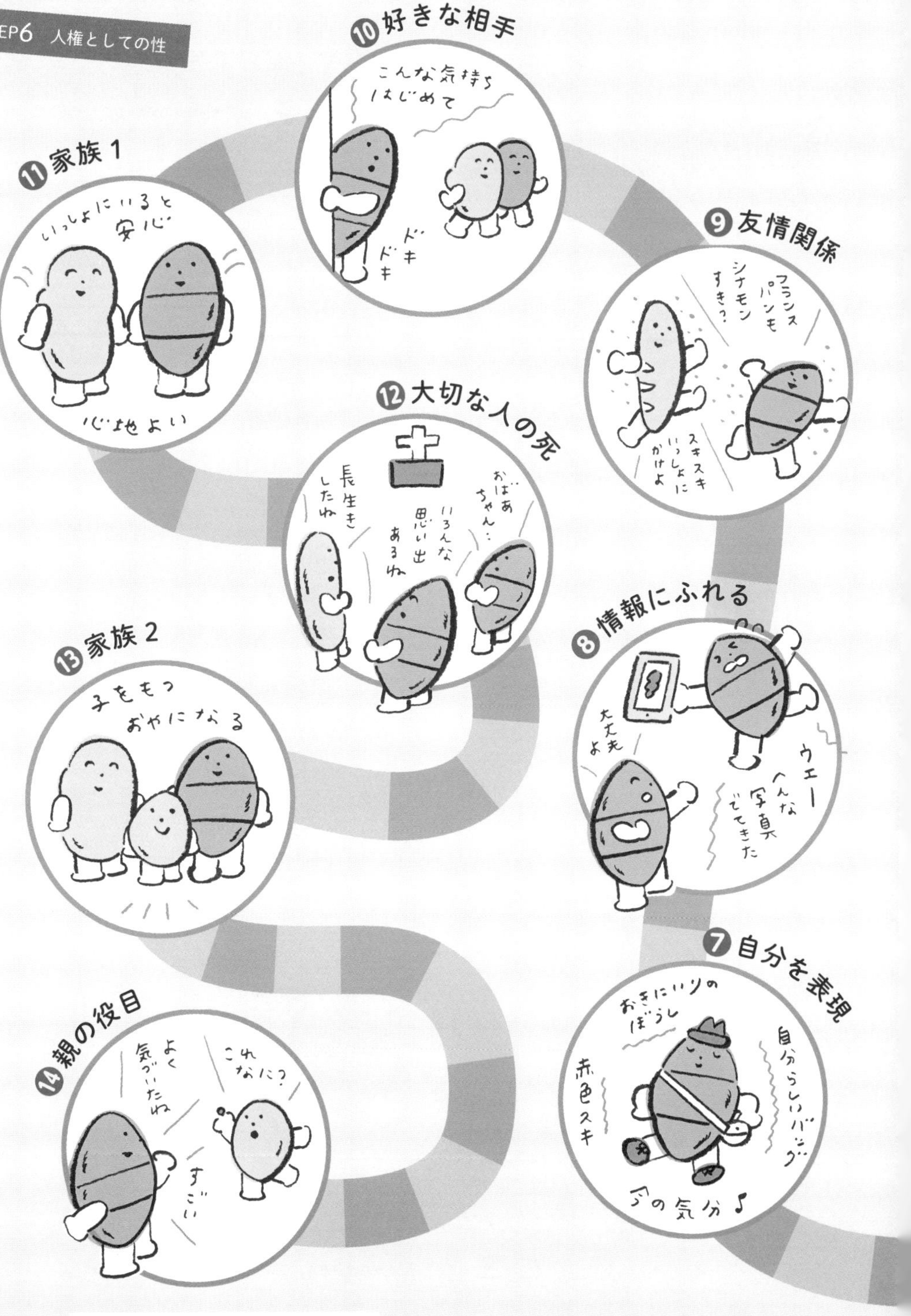
⑦自分を表現
おきにいりのぼうし
自分らしいバッグ
赤色スキ
今の気分♪
⑧情報にふれる
ウェー
へんな写真でてきた
大丈夫よ
⑨友情関係
フランスパンもシナモンすき?
スキスキいっしょにかけよ
⑩好きな相手
こんな気持ちはじめて
ドキドキ
⑪家族1
いっしょにいると安心
心地よい
⑫大切な人の死
おばあちゃん…
いろんな思い出あるね
長生きしたね
⑬家族2
子をもつおやになる
⑭親の役目
これなに?
よく気づいたね
すごい

親子で読めるSTEP6のおすすめ本は➔P139

親子で読める おすすめ本

STEP1 からだの権利

からだのきもち 境界・同意・尊重ってなに？

自分が自分のからだの主人公であること、自分同様に他者を尊重することの大切さが身近な例を通してわかる絵本。巻末には、大切な生活スキル「境界・同意・尊重」を、子どもと話し合えるヒント集も掲載されている。

作：ジェイニーン・サンダース
絵：サラ・ジェニングス
訳：上田勢子
（子どもの未来社／2022）

いろいろいろんなからだのほん

生まれてからおとなになるまで「からだ」は成長し、変化する。そのあとも死ぬまで変化し続ける。人間の「からだ」についていろいろな疑問や考えるヒントを楽しいイラストで紹介する絵本。

文：メアリ・ホフマン
絵：ロス・アスクィス
訳：杉本詠美
（少年写真新聞社／2019）

STEP2 関係の多様性

みてても、いい？

いつもひとりのきつねと、そんなきつねを見つめるうさぎ。違うもの同士が徐々にいないと困る存在になっていく。少しずつ変化していくふたりの結びつきが、相手を想う大きさ、相手を包む深さを感じさせてくれる。

作：礒 みゆき
絵：はた こうしろう
（ポプラ社／2010）

いろいろいろんなかぞくのほん

家族の形は、人数やライフスタイルや家庭環境など、さまざまであることがわかる絵本。また、家族の気持ちもいろいろあり、どんな状態でも家族そのものを肯定的にとらえることができる内容。

文：メアリ・ホフマン
絵：ロス・アスクィス
訳：杉本詠美
（少年写真新聞社／2018）

STEP3 セクシュアリティの多様性

女の子だから、男の子だからをなくす本

女の子はリーダーになれない、男の子は泣いてはいけないなど、子どもたちを縛る言葉がなぜいけないかを解説するジェンダー絵本。性別で区別するのはおかしいという前提のもと、「素敵な人」になるための知識が満載。

著：ユン・ウンジュ
絵：イ・ヘジョン
監修：ソ・ハンソル　訳：すんみ
（エトセトラブックス／2021）

Red《レッド》 あかくてあおいクレヨンのはなし

本当は青いクレヨンなのに赤いラベルをはられた「レッド」。多様性をクレヨンの色で表現するアイディアが年齢を超えて理解され、数々の賞を受賞。自分自身を発見することがいかに大切かを親子で話し合える絵本。

著：マイケル・ホール
訳：上田勢子
（子どもの未来社／2017）

STEP4 生と死

作：ジョセフ・コエロー
絵：アリソン・コルポイズ
訳：横山和江
（文研出版／2020）

おもいでは きえないよ

ずっと一緒に過ごしてきた少女とおじいちゃんの別れ「死」がテーマの物語。いなくなってしまった人でも、いつも一緒にいると感じられる、読者の心に優しく寄り添う詩や画集のように美しい絵本。

著：レイチェル・グリーナー
絵：クレア・オーウェン
訳：艮 香織
訳：浦野匡子
（大月書店／2021）

ようこそ！あかちゃん せかいじゅうの家族のはじまりのおはなし

受精から妊娠、妊娠から出産までのプロセスを、ごまかさずに科学的に伝えているイギリス発の性教育絵本。カラフルなイラストや文章は、人権や多様性をふまえた描写が意識されており、新しい発見も多い内容。

STEP5 情報のなかの性

著：秋草 愛
（パイ インターナショナル／2022）

いぬのにっちゃん あきとふゆ

色づく秋の葉っぱや、草花が枯れ果てた冬の河原に息づく小さな生き物など、絵本を読みながら身近な自然を感じられる自然観察絵本。巻末には、植物や生き物のおもしろい豆知識を解説した図鑑さくいんが付いている。

著：ニック・ブランド
翻訳：いしだみき
（マイクロマガジン社／2020）

スマホをひろったにわとりは

ある日、友だち思いのにわとりが不思議な光る箱を発見。親切そうな相手から次々にメッセージが届く箱に、にわとりはどんどんのめり込む。SNS犯罪から子どもを守るために読みたい、ちょっとおかしなおとぎ話。

STEP6 人権としての性

文：アリスン・マギー
絵：ピーター・レイノルズ
訳：なかがわちひろ
（主婦の友社／2008）

ちいさなあなたへ

「あのひ、わたしは　あなたの　ちいさな　ゆびをかぞえ、　その　いっぽん　いっぽんに　キスをした」で始まり、親でいることの喜び、不安、寂しさ、子どもへの思いなどが、あたたかな絵とシンプルな言葉で語られている。

文：アラン・セール
絵：オレリア・フロンティ
訳：福井昌子
監訳：反差別国際運動（IMADR）
（解放出版社／2020）

子どもの権利ってなあに？

食べ物を得る権利、家に住む権利、学校に通う権利、暴力を受けない権利など、地球上に住むすべての子どもがもつ権利を取り上げた絵本。著者のアラン・セールが子どもに直接話しかけるような文章で書かれている。

用語集

ハテナタッチ
誰かが自分のからだにふれてきたり、近づいてきたりしたときに、あれ、なにかへんと不安に感じるタッチのこと。ハテナタッチはダメなタッチ。

個性
その人だけがもっている性格や性質。

価値観
人生において、物事のなにに価値があるかないかの視点・判断・考え方。自己実現のために、いろいろな場面で意思決定するための基盤となる考え方。

プライベートパーツ
自分以外の人が、勝手に見たりさわったりしてはいけない、自分だけの大切な部分。からだ全体がプライベートパーツの集合体。

パーソナルスペース
誰かが入ってきたときに不快に感じる、自らのプライバシーを守るための自分だけの空間。

エンパシー（共感力、共感的理解）
自分とは違う価値観や考え方をもつ相手の気持ち・考えを想像する力、理解しようとする力。

同意
相手とかかわるときに、自分の意思や欲求だけでなく、前もって言葉などを通して相手に意思表示をし、承諾を得ること。自分も相手も尊重するために必要な人間関係のスキル。

養子
養子縁組、特別養子縁組によって、その家の家族として暮らすことになった子ども。

帝王切開
妊婦の腹壁および子宮壁を切開して、胎児を取り出す出産方法。

自然分娩
医療処置を行わず自然な陣痛を待って、産道から赤ちゃんを出産する経腟分娩。

多様性
性別・障害・年齢・国籍・性的指向などの違いのある人々・集団が存在していること。この用語を使うときは、お互いに認め合い、尊重することを意識している。

同調圧力

集団においていろいろな意見があるなかで、少数意見をもつ人に対して、周囲の多くの人と同じように考え行動するよう、知らず知らずのうちに強制すること。

セクシュアリティ

その人らしい性のあり方。大きく分けると「からだの多様性と特徴の性（からだの性）」「自らが認識する性（性自認）」「誰を好きになるかという性（性的指向）」「自らを表現する性（性表現）」の4つから成り立つ。

ルーツ

物事の根源や起源。この本では、人間がどうやって誕生したかの始まりや過程。

ジェンダー

生物学的な性別に対して、社会的・文化的につくられる性別のこと。性別の違いによって、見た目や役割や行動など、無意識に抱く男性像、女性像のイメージ。

LGBTQ+《プラス》

セクシュアルマイノリティの人たちを総称する呼び方のひとつ。レズビアン、ゲイ、バイセクシャル、トランスジェンダー、クィアやクエスチョニングの頭文字からなる用語に、すべて用語だけで表すことは難しいため、多様性を踏まえた意味などが込められた「+」がついている。

人権

人間が人間らしく自由に平等に生きることのできる権利。国・自治体は人権を保障する責任を負っている。

性別役割分担

社会生活のなかで、性別によって固定された役割。またはその役割を期待されること。

尊重

相手の意思や願いを理解して、価値あるもの、尊いものとして大切にあつかうこと。

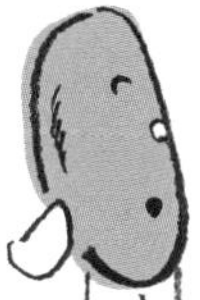

空気感染

空気中に漂う病原体を吸い込むことにより感染すること。

人間関係

家族、友だち、コミュニティなどにおける人と人とのかかわりやつながりのこと。ジェンダーや年齢、経済的状況などが関係に影響を及ぼすこともある。

あとがき

絵　ニシワキタダシ

自分にも小さな娘がいるので、まさに性教育を身近に感じているときでもあります。最初、性教育本のイラストは描き慣れていないので、どうしようかなと試行錯誤をしていました。自分も含めた読者さんのハードルを下げた、手に取りやすい本をということも意識するなか、多様性を表現できるイラストを考え…、種類が多く多様性を感じるパンを提案すると「おもしろい！」となりました。パンの本を作っているのではと錯覚してしまいそうなくらい、たくさんのパンを描きましたが、いろんな種類のあるパンの世界が、どこかしら人間の世界にも似ている気がして、なにより性教育というもののハードルを下げてもくれていて、この本を通して性教育がパンのように、親御さんたちの身近な存在になってくれるといいなと思います。

文　礒みゆき

愛、性、子育て、そんな深いテーマを、ダメ親の私が語ってしまっていいのだろうかと悩みました。でも、私も3人の子を育て、子どもたちに教えられたこと、学ばせてもらったことがたくさんありました。しんどいこともたくさんあったけど、楽しいこと、うれしいことはもっとたくさんありました。私がそんな実生活から感じたことを、ひとつの子育てや性教育のサンプルとして、子育て中のママパパの参考にしてもらえれば幸せです。

私の子育て三原則は、①焦らず待つ。②子どもがもっているパワーを信じる。③諦めない、見捨てない。どんなときもあなたの味方で、あなたのためならなんだってやる的な気持ちをひっそりともっている。

これでだいたい子育ての波を乗り切ってきました。私でさえ、なんとかなったのです。あなたもきっと、大丈夫！

監修　浅井春夫

親になるプロセスは人生のなかでもっとも苦労が多く待ち受けている時期なのかもしれません。でも、たいへんなこともあるけど、楽しいことや幸せもいっぱいあることを発見する扉として、性を語りあうことがあります。親・おとなたちも学んでこなかったテーマが性教育です。親子関係だけでなく、パートナーとの関わりやさまざまな人間関係について考える知識やスキルのヒントがこの本にはたくさんあります。

包括的性教育ってなんだかむずかしそうと思われるかもしれませんが、そのポイントは、①乳幼児期から若者期までの課題を視野に、②子どもたちの性的な発達に即して、③日常生活のさまざまなできごとにも対応できるように、④性別や性的指向、性自認、年齢などに関わらず、差別や暴力のない共生関係をはぐくむことをめざしています。自分と相手を大切にできる人生を歩むための必修課題が包括的性教育の学びです。本書を読まれたママ・パパ、保護者のみなさんが子どもたちとの対話を楽しんでいる光景を思い浮かべています。

本書は「世界で一番やさしい性教育本！」とオビにあります。そのわかりやすさは国際的な性教育の基準に即して、いろんなパンが案内役をして、暮らしのなかの具体的な問題を取り上げています。ニシワキタダシさんのあったかなイラスト、礒みゆきさんのすっと入ってくる文がタッグを組んで、この本が出来上がりました。また編集者の柴田麻佑さんには2年間、丁寧な本づくりをしていただきましたことに感謝です。本書が子どもの現在と未来を思う人たちに読まれますように。

監修／浅井春夫
絵／ニシワキタダシ
文／礒 みゆき

ブックデザイン／椎原由美子（C・O2Design）
協力／株式会社木村屋總本店
株式会社タカキベーカリー
株式会社中村屋
三立製菓株式会社
山崎製パン株式会社
校閲／小学館クリエイティブ校閲室
編集／柴田麻佑（小学館クリエイティブ）
伊藤史織（小学館クリエイティブ）

パンでわかる包括的性教育
入学前までにやっておきたい！　将来のための30のこと

2023年 4月19日　初版第1刷発行

発行人　尾和みゆき
発行所　株式会社小学館クリエイティブ
〒101-0051　東京都千代田区神田神保町 2-14 SP 神保町ビル
電話 0120-70-3761（マーケティング部）
発売元　株式会社小学館
〒101-8001　東京都千代田区一ツ橋 2-3-1
電話 03-5281-3555（販売）
印刷・製本　図書印刷株式会社

ISBN 978-4-7780-3595-2